| 제2판 |

캐나다의
사회적기업 가이드

조영복, 이나영 옮김

The Canadian
SOCIAL ENTERPRISE
GUIDE 2nd edition

RISE 사회적기업연구원   Σ 시그마프레스

캐나다의 **사회적기업 가이드** | 제2판 |

발행일 2012년 8월 1일 1쇄 발행
역자 조영복, 이나영
발행인 강학경 | 발행처 **(주)시그마프레스**
편집 홍선희 | 교정 김문선
등록번호 제10-2642호
주소 서울특별시 영등포구 양평로 22길 21 선유도코오롱디지털타워 A401~403호
전자우편 sigma@spress.co.kr | 홈페이지 http://www.sigmapress.co.kr
전화 (02)323-4845, (02)2062-5184~8 | 팩스 (02)323-4197
ISBN 978-89-97927-19-7

(사)사회적기업연구원이 2010년 10월 아름다운 기업, 사회적기업을 위한 세계의 노력, 정책과 사례를 엮어 사회적기업 연구총서 시리즈를 최초로 발간한 지도 어느덧 1년 반이 지났습니다. 우리는 사회적기업 연구총서 시리즈의 지속적인 발간을 통해 국제 사회의 사회적기업에 대한 흐름과 성장 그리고 고민을 이해하고 우수한 선진 사례를 우리의 현실에 접목시키고자 합니다.

그간 사회적기업연구원이 발간한 사회적기업 연구총서 시리즈로는 2010-01『사회적기업 : 다양성과 역동성, 배경과 공헌』, 2010-02『유럽 사회적기업 부문 : 정책과 사례』, 2010-03『사회적기업의 국가별 정책과 전략』, 2010-04『사회적기업 : 국제비교』, 2010-05『SROI : 사회적 투자수익률 측정 가이드』, 2011-06『영국의 사회적기업 육성 계획』, 2012-07『사회적 투자 매뉴얼 : 사회적기업가를 위한 소개서』총 7권이 있습니다.

올해 연구총서 시리즈 중 두 번째로 발간되는 2012-08『캐나다의 사회적기업 가이드』는 Enterprising Non-Profits Program(Enp)이 출판한 것으로 사회적기업을 시작하는 비영리 단체들이 그들의 목표와 미션을 세우고, 시장에서 요구하는 비즈니스 모델을 탐색하는 데 도움을 주고자 2006년 제1판을, 2010년 제2판을 발행했습니다. Enp는 사회적기업에 초점을 두고자 하는 비영리 단체들을 지원하고 자금을 조달해 주는 역할을 수행하며, 사회적기업 개발 전용 팟캐스트와 각종 데이터베이스도 제공하고 있습니다.

이 가이드는 사회적기업을 준비하는 비영리 조직에 더할 나위 없는 훌륭한 교본이 될 것이며, 영리 조직에는 비영리 단체의 특징과 사업 방식 등을 이해하는 데 도움을 줄 것입니다. 일반 시민, 학생, 정책 입안자, 연구자에게는 캐나다의 사회적기업의 특징과 다양한 사례들을 통해 한국의 사회적기업과 비교할 수 있는 기회가 될 것으로 기대됩니다. 그동안 국내에는 영국과 그 외 유럽의 해외 사례가 주류를 이루었지만 캐나다의 사례는 상대적으로 알려지지 않았기에 이번 도서 발간이 더욱 뜻깊으리라 생각합니다.

이 가이드는 사회적기업의 발상에서 타당성 분석, 계획, 설립, 운영, 평가, 심지어 사업 종료 시점에서 고려해야 할 사항들까지, 소위 사회적기업의 A부터 Z까지를 담고 있다고 해도 과언이 아닙니다. 특히 각 장마다 다양한 사례를 통해 캐나다의 사회적기업들이 어떤 상황에서 위기를 극복하고 성공에 이르렀는지를 보여 주며, 관련 체크리스트, 설문지 등도 함께 제공하고 있어 매우 실용적인 정보를 제공해 줄 것으로 기대됩니다.

역자로서 한국의 독자들에게 캐나다의 사회적기업의 모든 것을 체계적이고 전문적으로 정리하여 소개할 수 있게 되어 영광스럽게 생각하며, 한국어 번역 및 발간과 관련하여 사회적기업연구원과 MOU를 체결하는 데 협조해 주신 Enp와 특히 David LePage에게 감사의 인사를 전합니다.

사회적기업 연구총서 시리즈는 앞으로도 계속 발간될 예정으로 후속 시리즈로 발간될 2012-09『사회적 프랜차이징』도 곧 결실을 맺게 될 것입니다. 많은 관심과 기대를 바라며 시그마프레스 편집부 여러분의 노고에도 감사드립니다.

감사합니다.

2012년 7월

조영복 , 이나영

감사의 말

Enp란?

캐나다의 사회적기업 가이드는 Enterprising Non-Profits Program(Enp)에 의해 출판되었다. Enp는 시장의 수요를 충족하는 비즈니스 모델과 더 나아가 목표와 미션을 세우고 그에 맞게 사회적기업을 시작하는 비영리 단체를 지원한다. 또한 기업의 지속 가능성에 기여할 수 있도록 도움을 준다. Enp는 이 분야의 실무자와 자금 후원자에게 사회적기업에 대한 리서치와 도구를 제공하고, 이들이 정보에 보다 원활하게 접근할 수 있도록 돕고 있다.

Enp의 캐나다의 사회적기업 가이드는 다양한 사회적기업 분야에 대한 각종 자료를 제공한다.

후원해 주신 분

캐나다의 사회적기업 가이드는 캐나다 전역에서 사회적기업 분야에 종사하는 비영리 단체, 창업자, 자문 위원의 경험을 바탕으로 만들었다. 이 가이드는 Enp의 자금 후원자들의 지원으로 완성했다.

Enp에 자금을 후원해 주신 분

Coast Capital Savings

Columbia Basin Trust

Northern Development Initiative Trust

Southern Interior Development Initiative Trust

Vancity Community Foundation

Vancity Credit Union

Vancouver Foundation

Western Economic Diversification Canada

An Anonymous Donor

이 가이드의 제작 및 출판을 위해 특별 후원을 해 주신 분은 다음과 같다.

2006년 3월 제1판 발행에 자금을 후원해 주신 분

Community Economic Development Technical Assistance Program, the Co-operators Insurance/Financial Services, Vancity Savings Credit Union, the Vancouver Foundation.

2010년 8월 제2판 발행에 자금을 후원해 주신 분

Edmonton Community Foundation, The Co-operators, The Toronto Enterprise Fund, Vancity Community Foundation, Vancity Credit Union.

기고해 주신 분

제1판 저자와 편집자, 제2판 저자와 감수자께 감사의 마음을 전하고 싶다. 이분들은 제1판 제작과 제2판 재구성에 개별 전문 지식과 경험을 살려 기고해 주셨다.

사회적기업의 정의와 이유

- 제1판 : Irene Gannitsos, Enterprising Non-Profits; Kyle Pearce, Enterprising Non-Profits; Sidney Sawyer, Vancity Community Foundation
- 제2판 : Cathy Lang, C Lang Consulting

사회적기업 발전의 길

- 제1판 : Derek Gent, Vancity Capital Corporation; Kyle Pearce, Enterprising Non-Profits; Sidney Sawyer, Vancity Community Foundation
- 제2판 : Cathy Lang; C Lang Consulting

조직의 준비

- 제1판 : Marty Frost, Human Ventures Consulting; Sidney Sawyer, Vancity Community Foundation
- 제2판 : Cathy Lang, C Lang Consulting

아이디어 식별과 가능성 분석

- 제1판 : Warren Tranquada, Tranquada and Associates
- 제2판 : Catherine Crucil, Crucil+Company

사업 계획

- 제1판 : Alison Azer
- 제2판 : Catherine Crucil, Crucil+Company

성과 측정

- 제1판 : Joanne Norris, Social Capital Partners
- 제2판 : Bryn Sadownik, Demonstrating Value; Joanne Norris, Social Capital Partners

법적 환경

- 제1판 : Irene Gannitsos, Enterprising Non-Profits; Kyle Pearce, Enterprising Non-Profits; Sidney Sawyer, Vancity Community Foundation
- Richard Bridge는 제1판과 제2판에서 자선법, 사회적기업, 협동조합에 대한 '법적 환경'을 전문적으로 재검토해 주셨다.

편집해 주신 분

다음 분들의 노고에 감사드린다.

- 제1판을 편집해 주신 Plain Language Communications의 Gayla Reid는 캐나다 전역의 사회적기업가를 일일이 인터뷰하고 내용을 구성해 주셨다.
- Stewart Perry는 40여 년간의 경험을 바탕으로 실용적인 언어로 제2판을 편집해 주셨다.

캐나다의 사회적기업 가이드는 온라인에서 PDF 파일이나 인쇄 자료를 유료로 이용할 수 있다. 가격이나 주문에 관한 더 많은 정보는 info@enterprisingnonprofits.ca로 메일을 보내거나 웹사이트 www.enterprisingnonprofits.ca를 방문하기 바란다.

당신이 비영리 단체의 미션과 재무적 욕구를 모두 충족시키는 기업 활동을 시작하려 한다면 이 가이드가 지침서가 될 것이다.

이 가이드의 독자는 저예산으로 비영리 단체를 이끌어야 하는 대표이거나, 서비스 제공의 또 다른 접근 방식에 대해 들어본 적이 있는 이사회의 임원일 수도 있다. 당신은 수년간 자금 감소 추세인 프로그램에 대한 책임을 떠안고 있을 수도 있다. 아니면 운 좋게 조직의 재무 성과가 향상되었거나 고객으로부터 이익을 창출했을지도 모른다. 그러나 만약 자금을 얻기 위해 이곳저곳에 제안서를 내는 대신 다른 방법을 통해 이익을 얻고 싶다면 더 이상 고민하지 않아도 된다.

점점 더 많은 비영리 단체가 다음과 같은 이유로 조직의 수익 창출을 모색하고 있다.

- 프로그램 및 서비스 강화
- 미션과 목표를 위한 활동의 효과적 수행
- 보다 안정적이고 다양한 재정 기반을 위한 새로운 수익원 창출

이러한 비영리 단체는 사회적 · 문화적 · 환경적 요구를 충족시키기 위해 혁신적인 방안들을 발전시켜 나가고 있으며, 소비 시장을 통해 이익을 얻기 위해 노력하고 있다. 비영리 단체의 사업적 마인드는 비영리 문화를 만드는 데 가치 있는 도움을 줄 것이다.

생각한 것과 아이디어를 실행하는 것, 사업을 계획하는 것에는 수많은 단계가 연속적으로 요구되지만, 가끔은 축소되기도 한다. 예기치 못한 문제가 발생하여 이 연속적인 단계 중에서 부분적 혹은 모두를 생략하게 되면, 조직은 딜레마에 빠지거나 심지어 엄청난 피해를 입을 수 있다. 하지만 철두철미하고 좋은 계획은 조직의 위기를 완화시키고 의사소통을 개선시키며, 나아가 비영리사업을 성공으로 이끌 수 있다.

현재 접근 가능한 대부분의 자료가 미국의 사례여서 캐나다의 환경, 문화, 자선법, 규제 정책과는 큰 차이가 있다. 그래서 캐나다 내 사회적기업을 올바른 방향으로 구상하고 계획하는 데 도움이 되고자, 기존 자료와는 별도로 캐나다의 비영리 단체와 협동조합을 위해 이 가이드를 제작하였다.

목적

비영리 단체는 지난 몇 년간 기하급수적으로 발전했지만, 여전히 많은 비영리 단체가 아이디어 실현에 큰 어려움을 겪는 것이 현실이다. 사회적기업을 계획할 때 유용한 정보를 손쉽게 접할 수 있다면 성공적인 사업으로 가는 첩경이 될 수 있을 것이다.

비영리 단체는 특히 아래 질문에 대한 명확한 해답이 있어야 한다.

• 사회적기업에 착수할 준비가 되었는지 어떻게 말할 것인가?
• 사회적기업을 계획하는 과정에는 어떠한 단계들이 있는가?

- 기업이 가진 기회를 어떻게 확인하고 평가할 것인가?
- 사회적기업 계획을 어떻게 수립할 것인가?
- 비즈니스 측면에서 사회적 수익을 어떻게 측정할 것인가?
- 법적 환경에 관해 알아야 할 사항은 무엇인가?

실제로 이 가이드의 제작을 위해 캐나다 전역에서 비영리 단체를 경영하는 분들과 많은 이야기를 나누었다. 이와 함께 사회적기업으로 계획, 발전, 도약하려는 비영리 단체를 지원하고 자금을 조달하는 Enp의 경험을 바탕으로 구성하였다.

독자

이 가이드는 창업을 계획하거나 수입 창출 프로그램을 확장하고 체계화시키려는 조직의 프로젝트 매니저, 전무, 이사진 이하 여러 직원을 위한 안내서이다.

그뿐 아니라 학생, 기업의 사회적 책임 담당자, 정부, 산업, 컨설턴트, 자금 제공자에게도 도움을 줄 것이다.

이용법

이 가이드는 사회적기업 학습을 위한 기본서로 이용하거나 연구서로 활용할수 있으며, 각 장마다 특정 상황에 적용해 볼 수 있는 예시들이 있다. 또한 다양한 사례를 통해 여러 단체와 사회적기업이 어떻게 재정 위기를 극복했는지, 성공을 위해 어떻게 준비했는지 등을 보여 줄 것이다. 각 단계별 상황에 대한 몇 가지 대안적 접근법도 담았다. 또한 www.enterprisingnonprofits.
ca에서는 사회적기업 개발 전용 팟캐스트 시리즈와 작업 계획표, 설명서, 사
례 연구, 신규 항목에 관한 데이터베이스를 무료로 제공하고 있다.

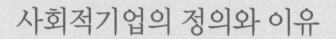

사회적기업의 정의와 이유

사회적기업은 오랜 기간 존속되어 왔으나 최근에는 비영리의 지속성과 지역 사회 발전을 위한 가치 있는 수단으로 새롭게 변화하며 재탄생하고 있다. 10년 전 혁신적 실천으로 거론되었던 것들은 현재 비영리 부문 프로그램에서 중요한 전달 요소가 되었다. 공공정책에서 점점 자리를 잡아가고 있으며, 시장 성공의 새로운 단계에 접어들었다.

이러한 사회적기업의 성장으로 비영리 단체와 자금 후원자 사이에서는 사회적기업이란 무엇이며 사회적 미션과 지역 사회의 이익에 어떻게 기여할 수 있는지에 대한 궁금증이 증가하고 있다. 이 장에서는 캐나다의 사회적기업 발전에 대한 기본 맥락을 제공한다.

구체적으로 이 장은 다음 사항을 다룰 것이다.

- 캐나다 사회적기업의 성장
- 사회적기업이 건강하고 지속 가능한 지역 사회에 기여하는 방법
- '사회적기업'의 정의와 관련 용어
- 사회적기업에 관한 일반적인 질문들에 대한 대답
- 단체가 사회적기업을 시작하는 이유
- 사회적기업의 이점
- 비영리 사회적기업의 종류와 범위

사회적기업의 성장

사회적기업 운영은 생소한 것이 아니다

비영리 단체와 자선 단체가 기업을 운영하는 것은 새로운 일이 아니다. 박물관이나 미술관에서는 전시와 예술 문화 홍보를 위한 수익을 내기 위해 선물

가게를 운영한다. YMCA나 YWCA 같은 단체도 자선 활동 지원을 위해 유료 사업을 진행한다. 캐나다에서는 1800년대 이후 협동조합의 사회적 움직임이 커짐에 따라 많은 비영리 단체와 구호 단체가 수익을 창출하기 위한 방법으로 지역 사회에 저렴한 상품을 제공할 수 있는 중고품 가게를 운영하고 있다.

오늘날 우리는 연간 예산의 일부를 서비스 제공, 출판물 판매, 사무실 공간이나 장비 임대 등의 수입 활동으로 충당하는 비영리 단체를 쉽게 찾아볼 수 있다.

사회적기업이 급성장한 이유

현재 충족되고 있지 못하는 시장의 욕구, 미션과 목표를 향해 전진시킬 수 있는 기회, 정부 자금의 성격 변화와 삭감, 새로운 사회적 기틀로의 전망, 이상 네 가지를 최근 몇 년간 비영리 단체와 자선 단체 사이에서 사회적기업이 인기를 얻고 있는 이유로 들 수 있다.

정부 지원 자금의 감소

사회 서비스 제공 부문에서 정부의 역할이 상당히 변화되었기 때문에, 비영리 단체와 자선 단체는 스스로 이익을 올리고 수입원을 다각화해야 한다는 압박감에 사로잡혀 있다. 정부는 자금 삭감, 더 큰 책임 요구, 공공사업 민영화 등으로 변화되는 추이를 보여 주고 있다. 점점 더 많은 이들이 정부 자금 지원 프로그램을 신청하고 있어 새로 시작하는 비영리 단체는 특히 접근하기 어려운 상황이다.

정부는 거의 모든 방면의 공동체·사회 서비스 제공에서 뒤로 물러나고 있다. 이 때문에 몇몇 비영리 단체는 부족함을 메우기 위해 발 벗고 나서고 있다. 한 여성 지원 센터가 자선을 위한 자금 창출을 위해 자산 관리 회사를 시작한 것이 한 예이다.

정부와 비영리 단체의 자금 관계는 이양된 서비스 형태로 전환되기도 한다. 어떤 비영리 단체는 서비스 제공을 위해 사기업과 마찬가지로 정부와 계약을 맺기도 한다.

이러한 상황은 사회적기업의 세계로 들어가는 한 단계이며, 비영리 단체는 정부 고객을 위해 입찰 제안서를 준비하고, 계약서를 작성하고 협상하며 사업을 이행하고 있다. 비영리 단체가 본격적인 사회적기업으로 뛰어들게 되면 부족하고 한정된 정부 계약으로 재정 계획을 시스템화해야 한다.

시장이 채우지 못하는 욕구의 충족

비영리 단체는 시장이 절대 충족시키지 못하는 욕구가 존재한다는 것을 안다. 점점 더 많은 비영리 단체가 시장이 충족시키지 못하는 부문에서 사회적 이익을 제공할 수 있는 수익 창출 사업을 만들어 내고 있다.

지역 경제 발전(Community Economic Development, CED) 분야에서는 노동 시장에 참여하지 못하는 개인에게 훈련, 고용 등을 제공하는 데 가장 큰 장려책을 사용하고 있다.

이러한 훈련 프로그램 사업을 운영함으로써 노동 시장에 들어가려는 고객의 욕구를 활용하는 법을 배운다. 이러한 사업들은 직무에 대한 경험을 제공하고, 혜택받지 못한 지역 사회를 위해 낮은 가격의 상품과 서비스를 제공할 수 있다. 한 가지 예로, 만성 질환을 앓고 있는 사람들을 위해 저렴한 가격으로 식사를 준비해 주는 곳에서는 거리의 청소년들을 훈련시키는 일도 한다. 또 다른 예로 작업 환경을 지원받아서 생산된 제품을 파는 목공소도 있다.

점점 더 많은 사회적기업이 시장의 한계를 충족시키려는 지역 사회의 지지와 노력으로 인해 완전히 새로운 비영리 단체의 형태로 나타나고 있다. 예를 들면 장애인에게 고용 기회를 제공하기 위해 사회적 협동조합이 만들어지고 있고, 지역 사회 봉사자들은 상품용 채소 농원, 양묘장, 자동차나 자전거 함께 사용하기 등의 환경적·사회적 사업을 일으키고 있다. 이러한 환경 활동은 독자적으로 발전하거나 혁신적인 사회적기업에 의해 점차 발전되고 있다.

목표와 미션을 개선·발전시킬 방법

비영리 단체는 사회적기업의 목표나 미션에 더욱 다가가기 위해서 지금과는 다른 방식으로 접근해야 한다는 점을 인식하고 있다.

사회적기업은 고객과 지역 사회의 욕구를 동시에 만족시켜야 하고, 고객은 가치 있는 것을 얻어 가야 한다. 이러한 기업들은 미션과 임무를 전달하는 능력을 증대시키거나 홍보물 판매 서비스 등을 제공한다. 예를 들면 번역 서비스, 상담, 의사소통 서비스, 장애 인식, 유료 재가 보호 서비스 등과 같은 전문적인 자문 서비스를 들 수 있다. 구체적으로 한 지역 사회 단체가 개원한 치과에서는 치료뿐 아니라 어린이와 가족을 위한 예방 차원의 건강 서비스를 제공하고 있다. 이 치과는 치료와 동시에 예방의 중요성을 인식하도록 도와주고 구강 위생을 위한 여러 기술도 가르쳐 준다. 비영리 주택 제공자들은 이미 임대 사업에 뛰어들어 최근에는 임차인을 위한 일자리를 만듦으로써 자신들의 미션을 개선·발전시키기 위한 방법을 모색하고 있다. 또 다른 예로는 토지 관리, 페인트칠하기, 청소, 요식업 등이 있다. 비영리 주거지 안에서 시작된 고용 사업은 광범위한 지역 사회 고객을 확보해서 본격적인 기업으로 진화하기도 한다.

예술 문화 단체는 스스로 자금을 충당하고 미션과 임무를 수행하기 위해 이익 창출 활동을 한다. 그들의 미션과 임무 중 하나는 예술을 홍보하는 것이며 이를 위해 이익을 창출할 수 있는 공연장, 갤러리, 콘서트홀 등을 운영한다. 또한 교육과 훈련 프로그램을 위해서 상품을 상업화(예술품 판매 등)할 수 있다. 창조적 사업과 예술을 사회적기업으로 홍보하는 것은 지역 사회 발전을 위한 전략으로 사용되고 있는 추세이다.

결론적으로 캐나다의 비영리 단체들은 삭감되고 변화하는 정부의 자금 조달을 대체하거나 이러한 상황에 적응하면서, 동시에 시장이 충족시키지 못하는 수요와 고객의 욕구를 창의적으로 만족시키기 위해 새로운 방법을

Inner City Renovation

사회적기업을 시작해서 얻을 수 있는 가장 보람된 일은 사람들의 삶을 어떻게 변화시키고 있는지 확인하는 것이다. 우리는 사업을 시작한 이래 140만 달러 이상을 임금과 수당으로 사용했다. 만약 각 가정에 미친 영향을 생각해 본다면 어마어마할 것이다. 그리고 사람들의 자부심과 대인 관계에서 어떠한 차이가 생겼는지 생각해 보라. 의료 보험, 사회적 네트워크, 사회적 지원이 제공된다고 생각해 보라.

매달 우리는 사회적 활동을 한다. 이번 달에는 공놀이, 볼링, 당구를 하고 피서를 갈 것이다. 만약 누군가 아프다면 지원이 제공된다. 이것이야말로 진정한 지역 사회이며, 사람들은 자신이 개인과 직장 이상의 무언가에 속해 있다는 것을 안다. 우리 직원 중 한 사람은 출근길에 심장 마비로 사망했다. 그는 32세였다. 그리고 회사에 있는 모든 사람이 그의 장례식에 갔다. 우리는 한 노인의 도움으로 원주민 방식의 장례식을 했고, 고인과 우리의 관계에 대해 이야기를 나누며 그를 추억할 만한 물건을 받았다. 나는 그분의 공구 벨트를 받았다. 우리는 서로를 도와줄 수 있는 배려하는 공동체를 만들어 가고 있다.

"이것이 바로 사회적기업이다. 이는 양으로 측정할 수 없으며 말하기는 더 어려운 것이다."

—Marty Donkervoort

The Cleaning Solution

나는 언제나 금전적인 부분이 아니라 새로운 직원이 기쁨에 찬 미소로 회사 티셔츠를 입을 때, 우리 회사에 속해 있다는 직원들의 자부심, 이 회사에 대한 굳건한 충성심, 일과 수행에 대한 피드백을 받을 때 삶의 윤택함을 느낀다.

—Shaugn Schwartz

탐색하고 있다.

사회 혁신을 위한 도구로서 사회적기업

지역 사회, 정부, 영리 단체들이 비영리 단체가 가장 긴급
한 사회 문제를 다루고 있다고 여기듯이, 사회적기업은 사
회 개혁을 위한 전망 있는 도구로 비춰지고 있다. 사회적기
업의 성장은 비영리 단체가 사회적기업을 통해 환경의 지속
가능성, 건강, 사회 치유에 대한 새롭고 통합적인 접근을 형
성하도록 기회를 제공한다.

Inner City Renovation은
매니토바 위니펙에 위치한
종합 건설 업체이자 건설
관리 업체이다. 위니펙 도
심 지역에 있는 저소득 계
층에 직업을 제공하기 위해
Community Ownership
Solutions Inc와 지역 개
발 조합(Community Development
Corporation, CDC)으로 시작하
였다.

　주요한 사회 이슈 해결에 참여하길 원하는 새로운 세대
의 사회적기업가들은 사회적기업의 이러한 새로운 가능성
에 고무되었다. 이들은 사기업과 비영리 단체를 연결시켜
그 사이에서 최고의 방식을 이끌어 낼 수 있는 혁신적인 프
로젝트의 설계 및 선도에 대해 열정을 가지고 자신들의 사
업과 사회적 기술을 이끌어 낸다.

Photo : J. Kowal

The Cleaning Solution은
품질, 건강 그리고 환경보전
에 초점을 둔 청소 업체이
다. 이들의 미션과 목표는
다시 일자리로 돌아갈 준비
가 되어 있는 정신 질환 회
복 환자들을 돕는 것이다.

지속 가능한 지역 공동체를 위한 공헌

오늘날 사회적기업 분야는 건강한 지역 사회를 형성하는 중
요한 요인으로 인식되고 있다. 사회적기업은 새로운 직업을 창출하고, 비영
리 단체가 서비스를 지속할 수 있게 하며, 건강하고 지속 가능한 공동체에
긍정적인 영향을 줄 수 있다. 이는 다음과 같다.

- **환경적 이슈 제기** : 재활용, 교육, 생태 관광, 자동차 함께 타기 등은 중요
  한 환경 문제를 다루는 사회적기업 모델이다.

Live Local Alberta는 지역 사회와 개인 사업이 번창할 수 있도록 돕는 비영리 단체이다. 이들은 소비자와 사업가가 지역 내에서 구매 활동을 하도록 장려하고 지역 경제를 거래 네트워크로 연결시키도록 돕는다. 이들이 사용하고 있는 한 가지 방법은 Eat Local First 프로그램으로 에드먼턴 사람들이 지역 내 상품을 사고 먹는 것이 얼마나 중요한지 교육시키는 것이다. 이 프로그램은 소비자와 지역 농부들을 연결시켜 주는 음식 배달 서비스도 운영하고 있다.

- **경제 활성화 촉진** : 각 지역 공동체의 사회적기업은 도심 지역과 침체된 교외 지역 사회의 경제적 다양화와 발전의 핵심 요소이다.
- **빈곤 감소** : 돈을 벌기 위한 훈련, 기술, 자원, 관련 기회를 제공하고 구입 가능한 주택을 지어 주며, 저소득층이 영구적으로 빈곤에서 빠져나올 수 있도록 적절한 지원 시스템을 운영함으로써 빈곤 감소를 위해 노력한다.
- **접근 가능한 의료 서비스 제공** : 교외 지역 사회에서는 이민자, 저소득 가정, 노인 등을 위한 접근 가능하고 저렴한 의료 서비스가 중요하다.
- **이민자 통합** : 이민자들은 지역 사회의 중요한 구성 요소이며, 그들의 기술과 문화의 효과적인 통합은 사회적기업을 통해 가능하다.
- **서비스가 부족한 지역 공동체에 재화와 용역 공급** : 사회적기업은 서비스를 제공받지 못한 사람들의 기본 욕구를 충족시키는 데 가장 효과적이고 효율적이다.
- **사회적 · 문화적 자본 개발** : 사회적 · 문화적 자본은 건강한 지역 사회의 핵심 요소이며 많은 사회적기업들이 이 분야에 관심을 기울인다.

주요 용어

광의의 사회적기업 : 수입 창출과 사회 · 환경을 위한 목표를 달성하고 헌신하는 두 가지 목적을 위해 상품과 서비스의 생산 및 판매에 참여하는 조직을 말한다.

이 가이드에서 사용된 사회적기업의 정의 : 사회적 · 자선적 · 조합적 비영리 단체가 운영하는 벤처 사업을 사회적기업이라 일컫는다. 사회적 목적을 달성하는 영리사업이나 조합이 있더라도, 이 가이드는 그들을 위한 것이 아니다.

비영리 기업 : 이 가이드 전반에 걸쳐 사회적기업과 비영리 기업이라는 용어를 번갈아 가며 사용한다. 둘 다 비영리 단체에서 운영하는 기업을 말하며, 사회적기업과 비영리 단체는 사업체(또는 벤처, 또는 기업)라는 사실에 따라 구분된다.

사업, 벤처, 기업 : 이 가이드에서는 세 가지 용어를 번갈아 가며 사용한다. 사업(벤처, 기업)은 금전적 가치의 정기적 또는 계속적인 직거래를 위해 재화와 용역을 생산하고 판매한다.

혼합된 가치 : 경제적·사회적·환경적 요소를 포함하고 있는 가치를 말한다. 일반적으로 비영리 단체는 사회적·환경적 가치를 생산하는 데 책임이 있고 영리 단체는 경제적 가치를 생산한다고 여기지만, 사실 영리·비영리 단체 모두 세 가지 가치를 가지고 있지만 각기 다른 비율로 생산한다.

사회적기업가 : 사회 문제의 지속적인 해결을 위해 사회 전 부문에서 기업 원칙을 사용하여 활동하는 사람을 말한다. 사회적기업가는 두 가지 중요한 면에서 전통적인 기업가와는 차이가 있다.

- 사회적기업가의 수익 창출 전략은 미션과 직접적인 연관이 있으며,
- 경제적·사회적·환경적 또는 문화적 이익을 적절하게 고려한 혼합된 가치에 따라 행동한다.

사회적기업은 사회에 미친 영향과 투자 대비 수익을 고려해서 성공을 평가한다. 많은 사업가들이 비영리 단체와 시민 단체를 통해 일하지만 모두가 그런 것은 아니다.

사회적기업은 얼마나 많은가

이 질문에 대해 정확한 답을 제공하는 연구는 없지만, Canadian Revenue Agency(CRA)는 자선 단체가 어떻게 이익을 창출하는지에 관한 통계 자료를 수집한다. 2002년 CRA는 자선 단체에 각기 다른 세 가지 출처의 이익을 보고할 것을 요청했다. 첫 번째와 두 번째 출처는 정부와 모금이며, 세 번째 출처는 시장 주도 활동을 포함한 범주였다. 이러한 활동은 요금 부과 내역, 서비스와 공연 판매, 물질적 또는 지적 재산 판매, 부동산 임대 등으로부터 오는 이익을 포함하고 있다. 세 번째 출처인 시장 방식(market method)에서, 캐나다의 자선 단체들은 2002년 279억 달러의 총이익을 보고했다. 이 수치를 대입해 보면, 자선 단체가 보고한 시장 주도 활동을 통해 얻은 총수익은 2002년 캐나다 국내 총생산의 2.8%를 넘는 것으로 나타났다.

결과적으로 자선 단체들은 이러한 활동을 통해 43,795건의 이익 창출 사례를 보고했다. 캐나다에서 가장 일반적으로 행하는 시장 주도 활동은 다음과 같다.

활동 종류	
공간과 장비 대여	7,678
교육, 강좌, 세미나, 강연	5,363
음식, 식당 서비스, 식사, 음식 제공	4,417
서점, 출판, 음반	4,061
쉼터, 방, 주거	3,645
예술 공연, 연극, 콘서트, 전시회	2,933

일반적 질문

다음은 사람들이 비영리 기업을 시작하려고 할 때 가지는 일반적인 의문들이다. 이 질문들은 이 가이드의 뒷부분에서 좀 더 자세하게 다룰 것이다.

비영리 단체가 사업을 운영하는 것이 합법적인가

한마디로 말하자면 'Yes', 가능하다. 제7장에서 이 문제와 요건들에 대한 추가 정보를 제공할 것이다.

비영리 단체는 사업을 시작하고 운영할 능력이 있는가

비영리 단체를 시작하고 운영하는 데 필요한 기술과 사업을 시작하고 운영하는 데 필요한 기술 사이에는 현실적 차이가 있다. 다행히 비영리 단체를 운영하면서 많은 사업 기술을 획득할 수 있는 기회가 있다.

성공적인 기업의 시작과 운영은 성공적인 서비스 제공 조직이 되기 위해 필요한 많은 능력을 요구한다. 예를 들면 필요나 수요를 충족시킬 수 있는 열정, 많은 경쟁적 이해 관계와 균형을 맞출 수 있는 능력, 계획과 인맥 관리 능력 그리고 어려운 결정을 내릴 수 있는 능력 등이 있다. 비영리 단체의 목적을 도울 수 있는 사업 기술을 지닌 사람들은 선한 목적으로 그들의 전문성을 공유해 주기도 한다.

비영리 단체는 사업가와 함께 더 나은 미래를 창조하기 위한 비전과 현실을 이루기 위한 약속을 함께한다.

이 과정이 이사회 임원과 직원 간의 관계를 어떻게 바꾸는가

조직의 관리 구조를 다루는 일은 결코 쉽지 않지만, 이것을 잘 이끌어 나가는 것은 비영리 단체가 목적을 이루고 성공하기 위한 필수적인 역량이다. 이사회 위원들은 직원들과 함께 일하고 정보를 공유하며 의사 결정도 함께 내려야 한다. 조직 내 모든 사람은 예상되는 위험을 확인하고, 다루며, 감수할 준비가 되어 있어야 한다.

사업을 통해 이사회의 회의 수준을 높일 수 있고, 이사회 임원들이 새롭고 의미 있는 방식을 이사회에 활용할 수 있게 하며 심지어 그들 스스로 새로운 방법을 도입할 수 있게 한다.

조직이 사회적기업을 시작한 이후, 이익을 창출하고 다른 자금 출처로부터 독립할 수 있는가

아마도 가능할 것이다. 사회적기업이 벌어들이는 이익은 아주 다양하다. 처음 3~5년간은 이익을 창출하지 못할 수도 있다. 사실 초기에는 엄청난 시간과 에너지, 자금 투자가 필요하며, 효율성이 점차 높아지면 상품과 서비스는 시장의 신뢰를 얻을 것이다. 물론 다른 사업과 마찬가지로 사회적기업은 관련 사업에 대한 재투자와 성장을 거듭해야 한다.

사회적기업이 시장에서 성공해서 유명해지면 5~100%에 달하는 조직 이익을 얻을 수 있다. 몇몇 경우에는 목적 달성을 위해 필요한 이익만 벌 수도 있을 것이다. 특히 고용이 필요한 사람들에게 훈련과 일자리를 제공하는 기업일 경우 그렇다. 이러한 이유로 훈련 비용과 사기업에서 거의 제공하지 않는 직원들의 특별 숙박 시설 비용을 상쇄하기 위해 정부와 재단의 자금 조달이 항상 필요하다. 궁극적으로는 자금을 조성하기 위해 노력할 것인지 아니면 다른 출처를 통해 추가로 수익을 창출할 것인지 결정해야 할 것이다.

제5장에서는 현실적인 재정 계획이 사업 계획에 얼마나 중요한 요소인지에 대해 다룰 것이다.

제안한 사업을 기존의 자선 활동과 통합해야 하는가 아니면 분리해야 하는가

이 질문에 대한 답은 다양한 문제에 따라 다르며, 제7장에서 다루게 될 법적 부분을 포함한 몇 가지 다른 관점으로 다루어야 한다. 많은 사업이 비영리 단체의 한 부분으로 별도의 관리나 설립 없이 운영되고 있다. 기본적으로 조직 내 다른 프로그램이나 부서와 사업의 재정 기록을 분리해서 운영하라. 이 방법은 사업의 재무 진행 상황을 확인할 수 있게 해 줄 것이며 시기적절하게 사업 관련 결정을 내리는 데 도움이 될 것이다.

구조적인 면(별도의 직원, 별도의 건물 등)에서는 추상적인 논의가 될 수도 있겠지만, 실제로는 고려해야 할 더욱 다양한 요인이 있을 것이다.

사회적기업을 시작하는 이유

비영리 단체가 사회적기업을 시작하려는 데에는 많은 이유가 있다. 단순히 재정적 이유에서부터 미션과 목표를 위한 것까지 다양하다. 대부분 두 가지 이유가 혼합된 경우가 많다. 이 가이드를 통해 왜 사회적기업을 시작하고 싶어 하는지 확인하고 현실적인 방법으로 그것을 평가해 볼 기회를 갖게 될 것이다.

다음 중 당신의 단체가 왜 사업 운영을 고려하고 있는지, 비슷한 이유를 찾아보아라.

"나는 사회적기업가 정신이 다음 세기를 이끌 원동력으로서, 우리가 사는 방식을 바꿀 가장 크고 단일한 운동이 될 것이라고 믿는다."
—Jeff Skoll, e-bay 창업자이자 사회적기업 자선 사업가

이익을 창출할 만한 자산을 구입하거나 지원받았고 양성했다. 이것은 우리에게 훌륭한 기회이다

비영리 단체는 그들만의 공간, 즉 지역 사회 센터와 같은 자산을 가지고 있을지도 모른다. 물리적 자산을 가졌다는 것은 새로운 사회적기업을 위해 공간을 제공하거나 대여해 줌으로써 수익을 창출할 수 있는 기회가 생겼다는 의미이다.

몇 년간 박물관과 미술관은 지역 예술가들을 홍보하고 이익을 창출하기 위해 그들의 공간을 기념품점으로 바꾸었다. 최근에는 더 많은 사회적기업들이 건물을 매입하고 사용하지 않는 공간을 임대해서 운영비를 상쇄할 수

있는 방법을 찾고 있다. 이러한 사업의 예로는 독립 영화감독들에게 장소를 제공해 줄 미디어 센터를 건립하거나, 가게 앞 공간을 다른 비영리 단체나 사업자에게 임대해 주는 것을 들 수 있다.

자산이란 물질적 자산 이상일 수도 있다. 직원의 경험과 전문성 또는 고객의 기술 등과 같은 인적 자원일 수도 있고, 혁신적 서비스 접근법, 데이터베이스, 특허 소프트웨어, 프로젝트를 통해 발전한 상품 등과 같은 지적 자원일 수도 있다.

재정 지원을 다양하게 하고 싶다. 사업이 자유로운 수익을 제공해 줄 것이라 생각한다. 이는 핵심적인 관리 비용의 일부로 우리에게 도움을 줄 것이다

사실이다. 사회적기업은 비영리 단체의 수익 출처가 다양해질 수 있는 기회를 제공한다. 그러나 사회적기업이 조직의 재정 문제를 극복하는 해결책이라 볼 수는 없다. 그 이유 중 하나는 초기 얼마 동안 사회적기업은 많은 시간과 돈, 인적 자원의 투자가 필요하기 때문이다. 사회적기업을 시작하고자 하는 단체는 초기 3~5년간 이익을 창출하지 못할 것을 예상해야 한다. 이는 비영리를 위한 장기적 전략 때문이며, 미션과 목표에 초점을 둔 많은 사회적기업들은 적자를 내지 않는 것을 목표로 삼고 있다.

현재 지역 사회의 저소득 고객을 위한 무료 프로그램과 서비스를 제공하고 있는데, 이러한 서비스나 무료 프로그램이 새로운 시장에서 판매 가능한지 확인하고 싶다

지역 사회에 자선적 · 사회적 책임의 일환으로 서비스나 프로그램을 제공해서 직원들의 전문성을 신장시키고, 전달력을 높일 수 있는 조직적 역량을 지니고 있는 경우 이러한 서비스 비용을 지불할 잠재 시장이 있는지 살펴보는 것이 합리적인 절차이다.

일반 대중, 정보, 사업 공동체, 다른 비영리 단체는 잠재 고객일 수 있다. 핵심은 이러한 기술과 경험을 조직의 자산으로 생각하고 새로운 잠재 시장에 대해 현실적으로 접근하는 것이다.

예를 들어 전문 분야에 대한 상담 서비스, 다양한 언어 통번역 서비스, 상호 문화, 다양성, 장애 인식 훈련, 분쟁 조정, 지역 간호 서비스 등이 있다.

제4장에서는 조직의 현재 활동을 통해 사업 분야를 식별하는 법을 설명한다.

지역 사회에 이미 몇 가지 유료 프로그램을 제공하고 있다. 프로그램을 좀 더 사업적인 방식으로 진행한다면 더 많은 수익을 창출할 수 있을지 시험해 보고 싶다

많은 단체들이 유료 프로그램이나 서비스를 운영한다. 이들은 이러한 서비스 공급을 더 늘리고, 보다 이익이 될 만한 사업 모델을 발전시키며, 자신들의 서비스를 확장·연장할 잠재적 가능성을 타진한다. 비영리 단체는 이를 비공식적으로 운영하며 관심과 계획이 있다면 더 큰 수익을 창출할 수도 있다.

통번역, GIS 지도 서비스, 비영리 회계 감사, 지방자치세 전가, 스마트 개발, 기술 인가 등과 같은 유료 서비스 프로그램이 성공적인 예라 할 수 있다.

고용 기회를 제공하고 싶다

많은 비영리 단체가 직업을 유지하거나 찾는 데 어려움을 느끼는 사람들을 돕고 있다. 사회적기업은 주로 직업 환경에서 소외된 고객에게 시간제나 상시 고용 기회를 융통성 있게 제공할 수 있다.

사회적기업은 많은 장벽에 시달리고 있는 이들에게 지원, 실습 훈련, 상담, 유동적인 시간 등을 제공함으로써 개인에게 의미 있는 일을 제공할 수 있다. 예를 들면, 조경 회사는 정신 장애를 앓고 있는 사람에게 야외에서 정원을 가꾸면서 치료도 가능한 작업 환경에서 근무하는 시간제 업무를 제공할 수 있다. 이민자들은 돈도 벌고, 언어 교육, 자격 평가, 탁아소 서비스도 받으면서 캐나다의 값진 직업을 경험해 볼 수 있을 것이다. 거리를 방황하는 인디언 청소년들에게는 안락한 주거지나 가족과의 재화합 등의 삶을 변화시킬 수 있는 지원을 제공하는 식당에서 일할 기회가 주어진다.

몇몇 비영리 단체는 조경, 페인트, 요식업 분야에서 일자리를 제공하고 있는데, 이것이 사회적기업 발전의 첫걸음이 될 수 있다.

이미 지역 사회에 교육과 기술 개발 등을 제공하는 임무를 맡고 있다. 사회적기업은 사람들이 고용 기회를 찾을 수 있도록 실질적인 경험과 기술 습득의 기회를 제공해야 한다

많은 비영리 단체는 사회적기업 운영과 근로자 교육 기회를 결합하고 싶어 한다.

시간제나 상근제 등의 일자리를 제공하는 것보다 스스로 노동력을 가진 사람으로 전환할 수 있는 훈련이 더 중요하다. 예를 들어 중고품 가게에서 일하며 소매 거래에 대해 배웠다면, 이를 바탕으로 새로운 고용 기회를 찾을 수 있을 것이다. 비영리 단체들은 장애인이 제대로 된 노동력을 갖출 수 있도록 인쇄업을 시작하고, 젊은이들이 '바리스타 기술'을 배워서 작은 커피 전문점을 열도록 도우며, 레스토랑이나 음식 공급업체 등을 통해 서빙하는 법, 응대하는 법, 음식 준비, 제빵 기술 등을 배울 수 있도록 한다.

이러한 사회적기업의 목표는 실습을 통해 배운 기술들을 실제 직업 현장에서 사용할 수 있도록 훈련과 기술 발달 프로그램을 운영하는 것이다. 이들은 교육이 끝난 사람들을 채용하는 데 관심을 두고 있는 잠재적 고용인을 찾기 위해 비즈니스 커뮤니티나 노동조합과 긴밀히 협력하며 일자리 찾기를 돕고 있다.

경제적으로 침체된 지역에서 사회적기업을 운영하고 있다. 지역 사회의 저소득층은 일자리가 필요하지만 이곳은 기업을 유치하기가 힘들다

위니펙에서는 지역 사회 경제 발전 단체들이 지역 사회에 필요한 서비스를 제공하고, 일자리를 창출하며, 지역 사회를 활성화시키기 위해 사회적기업의 발전을 돕고 있다. 밴쿠버 동쪽 시내를 걷다 보면 레스토랑, 카페, 작은 슈퍼마켓, 두 개의 치과, 음식 공급 업체, 직업소개소, 자전거 대여 및 수리 업체, 병 수거 창고 등과 같은 수많은 사회적기업을 볼 수 있다. 모두 지역 사람을 위해 직업과 서비스를 제공하고 있으며, 이러한 변화로 한때 막혀 있던 상권이 되살아나고 있다.

사회적기업은 도시뿐 아니라 교외 지역도 활성화시킬 수 있다. 시골에서는 '작은 시골집 사업(cottage industry)'이라는 사회적기업 모델이 사회적·경제적 영향을 성공적으로 이끌어 냈다. 일례로 브리티시 컬럼비아 주 트레일이라는 교외 지역의 비영리 단체는 장애인에게 의미 있는 직업과 통합된 고용 기회를 만드는 동시에, 소기업들과 협력하고 발전하면서 지역 사회에 필요한 서비스를 제공하고 있다.

지역 사회에 어떠한 서비스가 필요한지 확인했고, 그것을 제공하는 데 우리가 가장 적합한 단체라고 생각한다

어느 날 당신은 지역 사회에 필요한 특정 서비스를 제공할 업체가 없다는 것을 깨달았을 수도 있다. 진도를 너무 멀리 나가기 전에 염두에 두어야 할 사항은 서비스가 필요함은 물론이고 그것에 비용을 지불할 사람이 있는지 생각해 보는 것이다. 만약 새로운 아이디어를 아무도 시작하지 않았다면 시장조사와 가능성 평가를 중요하게 고려해야 한다. 저소득층 가족에게 합리적인 가격으로 서비스를 제공하는 치과, 교외 지역에 위치한 임시 직업소개소 그리고 환경 친화적 건설 조합과 같은 예를 들 수 있다.

캐나다 외 다른 지역에서 성공을 거둔 사회적기업의 사례를 듣고 우리의 임무와 미래의 파트너십, 자원 봉사자들을 고려해 보면, 우리도 지역 사회에서 성공할 것이라고 생각한다

당연하다. 캐나다에는 성공을 거둔 수많은 사회적기업이 있고 미국이나 영국에는 더 많은 사례가 있다. 당신은 아마 당신의 지역에도 이를 적용하고 싶을 것이다. 해비타트 운동(habitat for humanity)은 ReStores(재활용 건축 자재를 판 수익으로 해비타트가 저렴한 가격의 주택을 지을 수 있도록 돕는 사회적기업)를 활용하여 성공을 거둔 유명한 비영리 단체이다. 이 단체는 Home Depot 같은 기업과 끈끈한 제휴 관계를 통해 캐나다에만 32개 점포를 열었다. 이 점포들은 헌신적인 자원봉사자들이 운영하며 캐나다에서 유명 브랜드가 되었다.

　사회적기업을 생각하고 있다면 이미 다른 기업에서 시도하고 시험한 모델을 찾아보는 것이 도움이 될 것이다. 그들의 서비스 접근법이 편리한지, 적용 가능한지 직접 질문하면서 배울 수도 있다. 협동조합들은 이미 오래전부터 성공적인 모델을 본뜬 접근법을 주거, 보육, 사회 치유 등 다양한 분야에서 사용하고 있다. 그리고 사회적 프랜차이즈는 캐나다에서는 유명하지 않지만 미국과 영국에서는 사회적기업의 성장 방법으로 유명하다.

사회적기업으로 얻을 수 있는 조직의 이익

조직이 사회적기업을 시작하려는 특별한 이유나 동기가 있겠지만, 사회적기업의 결과로 얻을 수 있는 수많은 다른 이유들도 있을 것이다. 여기에서는 이러한 이점들에 대해 살펴볼 것이다.

강화된 조직 능력

기업을 운영하는 많은 조직은 다음 사항이 내부 역량을 쌓는 데 도움이 되었다고 보고했다.

- 기존 직원과 이사회는 새로운 기술과 사고 및 운영 방식을 배우거나 자신의 기술과 경험을 새로운 방식으로 활용했다.
- 새로운 이사회 임원, 직원 및 봉사자를 유치하고 기술과 전문성을 다양화시켰다.
- 운영 및 재정 절차와 시스템의 변화는 조직 전체의 효율성과 효과성을 신장시켰다.

기업은 새로운 계약(개인 사업주, 기업 연합 등)을 체결했고, 그 결과 조직에 필요한 기술과 자원을 확장시킬 수 있었다.

더욱 눈에 띄고 강화된 인식

사회적기업 운영은 종종 지역 사회에서 조직의 이미지를 강화시키고 더 눈에 띌 수 있는 기회를 제공한다. 이것은 프로그램과 자선 활동에 대한 인식을 향상시키고 지원할 수 있도록 이끈다.

사회적기업은 훌륭한 홍보 도구가 될 수 있으며 고객과 대중에게 다가갈 수 있는 새로운 채널을 제공한다.

- 지역 공동체에 기반한 카페는 지역 사람이 비영리 단체의 서비스를 인식하고 그들의 활동을 더욱 확대할 수 있도록 새로운 장소를 제공했다.
- 자산 관리 회사를 설립한 어느 여성 인력 단체는 미디어의 주목을 받았으며, 이들에 대한 보도는 무료 광고가 되었을 뿐 아니라 궁극적으로 이들의 목표와 미션을 띤 사업에 대한 지역 사회의 관심도 끌 수 있었다.
- 거리를 방황하는 청소년에게 인쇄 산업 관련 기술과 일자리를 제공해 주는 훈련 프로그램을 운영하는 사회적기업은 정부와 기업 리더들에게 사회적기업을 빈곤을 감소시키는 전략으로 사용할 수 있다는 점을 알렸다. 이는 정부의 사회적 조달 전략의 한 지침이라고 일컬어지기도 했다.
- 사회적기업 활동은 법률상 문제가 있던 사람에게 주택을 공급한 비영리 주택 공급자가 지역 상공 회의소(local board of trade)와 긍정적 관계로 발전하는 데 영향을 미쳤다.

SARCAN은 서스캐처원 재활원 연합회의 재활용 사업 담당 부서로 사람들에게 고용을 제공하고, 환경을 보호하며 서스캐처원의 경제 발전에 기여하고자 노력하고 있다.

서스캐처원 재활원 연합회

흥미로운 사실 중 하나는 우리 직원들이 교외 지역에 재활용 창고를 운영하여 금전적 혜택을 얻었다는 것이다. 오래전부터 그곳은 장애인들이 "눈에서 멀어지면 상처받을 일도 없을 것이다."라며 이주했던 시골 빈민가였다. 현재는 많은 사람이 캔을 주워 돈을 받기 위해 장애인이 이주한 시골 빈민가의 재활용 창고로 와야 한다. 이곳이 더 활성화될수록 여기에서 일하는 장애인들은 더욱 주목받게 되었고, 지역 사회 구성원들은 장애인들의 능력에 대해 새롭게 눈뜨게 되었다.

－Ken Hominic

기부자와 투자자를 유치하고 유지시키기

기업을 시작하면 위에서 언급했던 강화된 조직 능력과 기업 이미지 상승의 부분적 결과로 생각지도 못한 새로운 기부자를 유치할 수 있다.

- 기업의 고객도 기부자가 될 수 있다.
- 사회적기업 창업에 자본을 제공한 투자자들은 비교적 많은 지분을 가지고 있으므로 다른 프로그램이나 서비스를 위한 재정을 확보하는 데 도움을 줄 수도 있다. 자금 후원자 사이에서는 사회적기업 투자라는 새로운 물결이 일어나고 있다.

사회적 자본 창출

많은 교류가 일어나도록 장소를 대여하거나 사업을 진행하는 사회적기업의 경우, 사람들이 서로 만나고 소식을 공유하며 새로운 관계를 형성하는 장소로서 지역 사회의 허브가 됨과 동시에 이익을 창출하고 있다. 사회적기업 카페, 농산물 직판장, 세탁 서비스, 심지어 인쇄소까지 커뮤니티를 구축하여 소외 계층을 감소시키고 이들을 환영하고 배려하는 환경을 만든다. 동시에 고객을 위해 필요한 훈련과 고용을 제공하는 한편 이익도 창출할 수 있다.

사회적기업의 범위와 종류

사회적기업은 매우 다양한 형태로 나타난다.

- 생산 측면에서는 화분, 퇴비, 간이 가구에서부터 짐 상자, 고기 파이, 쿠키에 이르기까지 어떠한 것이든 만들어 낼 수 있다.

- 서비스 측면에서는 컨설팅 서비스, 재활용, 자산 관리에서부터 훈련, 운반 서비스, 잔디 유지, 카페, 레스토랑에 이르기까지 어떤 서비스라도 제공할 수 있다.
- 재정적 측면에서는 프로그램 비용 혹은 단체 전체에서 5~100%에 달하는 이익을 창출할 수 있다. 수입 출처는 개인 고객을 대상으로 하는 고가의 서비스, 저소득 고객을 위한 저렴한 서비스에서부터 정부 계약, 정부의 자금 조달 서비스에 이르기까지 다양할 수 있다.
- 성과 측면에서는 원주민 청소년을 위한 사전 취업 서비스를 제공하고, 저소득층 어린이에게 음식과 치과 서비스를 공급하며, 유역 관리를 개선시켜 어류 자원을 증가시키거나, 정신 건강 장애나 발달 장애를 앓고 있는 이들을 고용하거나 지원할 수 있다.
- 가능성은 끝이 없으며, 사회적기업 분야는 무한한 성장 가능성을 지니고 있다.

사회적기업의 종류를 구분하는 것은 언제나 쉽지 않다. 당신은 이를 설명하는 몇 가지 접근법과 언어들을 발견할 것이다. 여기에서는 사회적기업 활동의 특성에 따라 세 가지 넓은 범주로 나누어 볼 것이다.

- 지역 시장의 욕구를 만족시키기 위한 사회적기업
- 임무와 미션을 수행하는 기업
- 수익 창출 기업

사실 많은 사회적기업이 세 가지 중 한 가지 이상에 해당한다. 사회적기업을 시작하기 전에 가장 확실히 해 두어야 할 중요한 사항은 조직의 주요 목적과 임무, 미션 간의 연관성이다.

지역 시장의 욕구를 만족시키는 사회적기업

이 유형에 속하는 기업은 훈련 기회와 고용을 제공한다. 이러한 기업들은 자급 자족을 목표로 하거나 아니더라도 모두 재정적으로 사회 환원에 신경 쓰는 경향이 있다. 이러한 기업들은 사회적 약자 계층을 지원하기 위해 필요한 사회적 비용 때문에 그들의 활동을 지지해 줄 보조금이나 기부금에 의존한다.

피닉스 인쇄소(phoenix print shop)는 광역 토론토 지역의 갈 곳 없는 청소년을 위한 3개의 쉼터를 운영하고 있는 비영리 자선 단체인 Eva's Initiatives가 운영하는 상업적 인쇄소이다. 이 기업은 오프셋, 디지털, 광폭의 인쇄 서비스를 제공하고 있고, 기업 고객의 마무리 서비스를 완성하며, 갈 곳 없는 청소년에게 훈련과 고용 기회를 제공하고 있다. 이 상점은 그래픽 커뮤니케이션 분야에서 경력을 쌓고 있는 100명 이상의 젊은이들과 연결되어 있다. 훈련을 다 받은 청소년의 대부분은 일자리와 연결되거나 내부 장학 재단 기금을 통해 다시 학교로 돌아간다.

이러한 사업을 통해 판매하는 제품이나 서비스는 단체의 미션과 관련이 있을 수도 있고 없을 수도 있다.

고용이 주목적인 기업의 사업 활동으로는 레스토랑, 음식 공급업, 포장, 조립, 세탁, 청소, 조경 사업, 목공, 공예 사업 등이 있다.

이들 대부분의 기업들은 영구적이고 유동적이며 경쟁력 있는 임금을 제공하는 일자리 창출을 목표로 한다. 다른 기업들은 직업 또는 거래의 발전, 소기업 소유 기회 등에 초점을 맞추고 있다. 그들은 일반적으로 고용 장벽에 부딪힌 사람이나 정신적·신체적·경제적·교육적으로 불리한 사람들을 돕는다. 예를 들어 약물 남용에서 회복 중인 사람들, 도심 지역 소외 집단, 정신 질환 고객, 위험한 환경에 있는 청소년 그리고 장애인과 같은 사람들을 말한다.

이들 기업의 주요 목적은 특정 대상 집단에 대한 고용과 통합 기회 강화에 도움을 주는 단기 실습 훈련, 전환 고용을 공급하는 훈련 사업과는 대조를 이룬다. 훈련 활동은 훈련받는 사람과 주류 직업 기회 사이를 연결시켜 줄 구체적 전략과 적극적인 직원(또는 조직/사업 동업자)이 있을 때 가장 성공적이다.

미션과 임무를 수행하는 기업

이러한 기업의 미션이나 임무는 프로그램과 직접적으로 관련이 있는 상품이나 서비스를 판매해서 수익을 창출하기 위해 만들어진다. 지불금은 재가 보호, 보육 서비스 등의 대가로 고객이나 정부 기관 같은 제3자에게 받을 수 있다. 이러한 경우, 제품이나 서비스를 판매함으로써 조직의 미션과 임무를 수행한다.

이러한 기업은 두 종류로 나눌 수 있다.

르네상스

르네상스(renaissance)는 노동 시장 참여에 어려움을 느끼는 사람들을 대상으로 하는 전문적·사회적 재통합을 위한 자선 단체이다. 이 단체는 몬트리올에 거점을 둔 Fripe-Prix라 불리는 중고품 가게 체인점을 운영하면서 미션과 목표를 부분적으로 달성하고 있다. 매년 200명의 훈련생들이 이 가게에서 6개월간 일을 하고 그 후 개인 사업 분야로 진출한다. 이 가게는 적절한 가격의 옷과 가전제품을 지역 사회에 공급하고 동시에 사람들에게 고용 기회를 제공한다. 이 기업은 Goodwill International과 연계되어 있다.

- 일반 프로그램을 운영해서 직접 수익을 얻을 수 있다. 기업은 고객이나 제3자에게 요금을 부과하며, 이 요금은 운영의 전부 또는 일부를 충당하게 된다. 이는 훈련, 상담, 기업 육성 등의 활동과 같다.
- 기업은 미션과 목표를 수행하기 위한 비용을 창출하는 사회적 사업으로 시작한다. 환경적·문화적·예술 기업들이 이 범주에 속한다. 그들은 현재 재직 중인 직원들의 전문성이나 자원을 흔히 사용한다.

이익 창출 기업

고용 확대와 미션, 목표에 기반을 둔 사업은 계획에 따라 명확하게 움직인다. 그러나 사회적기업의 다른 범주에서는 조직의 미션과 주요 목적을 위해 부수적이거나 부차적인 사업 활동을 하는 것도 포함한다. 이러한 기업들은 단순히 그 단체의 자선적·비영리적 일을 돕기 위한 이익을 창출하기 위해 운영된다.

이러한 기업들은 종종 조직의 능력, 사용되지 않는 자산을 기반으로 하거나 자신의 임무를 보완하는 성격을 지닌 서비스와 상품을 제공한다. 이들은 대상 이외의 시장에서 서비스나 상품을 판매하여 수익을 창출할 수 있다. 예를 들면 상담 서비스를 일반 대중에게 더 비싼 비용으로 제공하는 것을 들 수 있다.

다음과 같은 이익 창출 사업들도 넓은 범주에서 여기에 포함된다.

- **물질적 · 비물질적 자산** : 사무실 공간이나 장비 등 사용하지 않는 자산을 임대해 주는 것을 말한다. 예를 들어 노숙자에게 무료 식사를 제공해 주는 자선 단체는 밤 시간 동안 개별 식품 가공 업체에 주방 시설을 대여해 줄 수 있다.
- **부가 서비스** : 편의점, 중고품 가게, 병원 매점 등이 이 범주에 속한다. 이러한 서비스는 조직의 미션이나 목표 수행과 직접적인 연관이 없을 수도 있으나 대상 집단에 제공되는 서비스나 편리성을 강화시켜 줄 수 있다. 예를 들어 중고품 가게에서는 고객에게 훈련 기회를, 과도기적 삶을 살고 있는 사람들에게 저렴한 옷을 제공할 수 있다.
- **비관련 사업** : 이 포괄적인 범주는 기업의 임무, 고객, 회원과 관련이 없는 넓은 범위의 사업 활동을 말한다. 예를 들어 장애인 단체가 기부받은 물품을 파는 경우이다.

결론

제1장이 다음 장들에 대해 도움이 될 만한 방향을 제시했기를 바란다. 다음 장에서는 궁극적으로 사회적기업을 시작할 것인지에 대해 심각하게 고려하고 가능성을 타진하는 당신을 위한 세부 사항을 다룰 것이다.

사회적기업 발전의 길

비영리 기업을 발전시키는 많은 접근법과 이 과정에 대한 다양한 출발점이 있다. 이 장에서는 일반적인 기업 발전 단계들을 소개하고 각 단계에서 달성해야 할 주요 요소와 목표에 대해 간단하게 논의할 것이다. 현실적으로 과정은 반드시 직선적일 필요는 없다는 것을 알아야 한다. 다른 과제보다 우선하는 과제를 임시방편으로 처리해야 한다든가, 예측된 위험을 감수해야 하는 등 여러가지 도전과 기회가 요구될 것이다. 결국 예측 불가능한 상황을 헤쳐나가는 능력은 꿈을 향한 힘에 달려 있으며, 동료와 함께 일하는 많은 이들에게 꿈이 얼마나 잘 전달되었는가에 달려 있다.

건강한 사업을 꾸리고 운영하는 과정은 상당히 어렵다. 열정과 몰입은 어떤 사업 아이디어라도 시작할 수 있게 만든다. 비영리 세계의 구성원들은 세상을 더 나은 곳으로 만들고자 하는 동기가 있으며, 열정은 늦은 밤까지 전화한 통이라도 더 하게 만들고 다른 사람들의 동기에까지도 영향을 미칠 것이다. 이러한 에너지는 개인적으로도 지속될 수 있지만 당신을 지지해 주는 팀의 도움이 필요할 때도 있다. 어느 쪽이든 간에 신중해야 한다. 목표를 달성하고자 하는 열정은 현실적인 계획 과정과 일치해야 하며 관련 정보를 제공받아야 한다. 실제로 기업을 발전시키고자 하는 열정과 헌신은 사업을 운영하기 시작할 때 성공의 열쇠가 된다.

다시 한 번 강조하면, 사회적기업 발전의 길은 비전과 목표를 명료하게 하는 것에서부터 사업 성장과 변화에 대한 도전을 습득하는 것에 이르기까지, 필요한 모든 단계를 연속적으로 거쳐야 한다.

사회적기업 발전 단계
1. 비전과 목표
2. 아이디어 생성과 기회 확인
3. 사전 타당성 분석
4. 타당성 조사
5. 사업 계획/능력 함양/법률 문제
6. 실행 준비
7. 시작
8. 성과 측정
9. 성장/재투자, 적응 그리고 진화

1단계 : 비전과 목표

당신의 단체가 사업을 시작하기에 적절한 시기라고 생각하고 있다.

시작하기 전에 미션과 목표의 의미가 무엇인지, 기업과 제품, 서비스를 구매하고자 하는 사람 간의 관계에 대해 고려해 보는 것이 중요하다.

기업을 시작한다면, 매일 조직을 이끌어 줄 큰 그림을 가지라고 제안하고 싶다. 비전과 사회적 목적에 대해 심사숙고해 본다면 다음과 같은 중요한 질문에 답할 수 있을 것이다.

"Summer Street와 같은 사회적기업이 존재하는 중요한 이유는 지역 사회의 참여와 통합을 촉진시키기 위해서이다. 우리는 몇 년 간 다양한 관점으로 여기에 접근했는데, 지역 사회 강화라는 우리의 철학은 끈끈하고 지속적인 협력 관계를 유지하도록 항상 우리를 이끌어 주었다. 우리의 일은 지적 장애가 있는 사람들이 저 바깥에 있는 무한한 가능성의 문을 두드려서 그들이 만족하는 삶을 살 수 있도록 돕는 것이다."
-Bob Bennett, 전무

- 기업을 시작하는 것이 미션과 목표를 달성하는 데 도움이 되는가?
- 기업의 아이디어가 사회 전체의 미션 및 목표와 어떻게 부합되는가?
- 사회적기업을 통해 무엇을 성취하고 싶은가?
- 사회적기업이 목표를 성취할 수 있는 훌륭한 방법인가 아니면 더 나은 방법이 있는가?

이러한 질문은 기업을 발전시키고, 내 · 외부 이해 관계자들을 설득하는 데 있어서 중요한 과정이다. 무엇보다 중요한 것은 사회적 · 환경적 목적을 달성하기 위한 사업의 진행 상황을 추적하는 데 필요한 기준점을 제시해 준다는 것이다.

사회적기업을 위한 비전을 말하라

이 단계에서는 당신이 사회적기업을 시작하는 이유를 찾아보라.

많은 비영리 단체들이 중요한 계획의 일부로서 조직을 위한 큰 그림(비전, 미션, 분명한 목표)을 그려야 한다는 것을 잘 알고 있다. 가치를 이끄는 조직으로서 최상의 목적과 당신만의 틈새시장이 비전과 미션 사명서에 반드시 포함

되어야 한다. 사회적기업 발전과 유사한 전략적 접근법을 취하라. 즉, 비전을 가지고 이루고 싶은 것이 무엇인지 명확히 알고 시작해야 한다. 또한 큰 그림이 어떻게 생겼는지, 어떠한 틈새시장을 공략해야 하는지 찾아야 한다.

여기에 사회적기업의 희망적인 미래를 그려 볼 수 있는 질문이 있다. 가능하면 직원뿐만 아니라 경영진과 이사회도 비전 탐색 과정에 동참하라.

"Ever Green의 성공은 우리의 '고용 지원'과 '경쟁적' 고용 실천을 잘 혼합했기 때문이다."
– Mike Wadden, 회장

- 기업을 5년간 어떻게 운영할지 이상적인 비전을 그려라.
- 비전이 어떠한 가치를 표현하고 있는가?
- 그때까지 어떤 결과를 달성하고 어떤 접근법을 사용할 것인가?
- 기업에 대해 고객들이 뭐라고 말하는가?
- 조직 내 사람들은 기업에 대해 어떻게 말하고 행동하는가? 외부 파트너나 자금 조달자는 어떠한가?
- 기업이 조직을 위한 총체적 비전과 가치를 어떻게 확장해 나가고 있는가?

몇몇 주요한 장기 목표는 이러한 질문에 대한 해답을 통해 더욱 발전한다. 마찬가지로 사회적기업이 조직의 미션과 비전에 부합되는지에 관한 다른 질문들도 나타날 것이다. 이 모든 것은 이후의 발전과 계획 단계를 이끌 중요한 정보이다.

Summer Street Industries

Summer Street은 18년간 전략적으로 성공할 만한 사업을 만드는 데 초점을 맞췄다. 우리는 수많은 노력을 했으며 그 중 가장 성공적으로 지속되고 있는 사업은 우편과 포장 서비스, 음식 공급업이고, 가장 최근에는 트로피와 상에 관련된 서비스이다. 우리 사업은 기업의 인식을 바꾸고 장애물을 없애는 큰 역할을 수행해 왔으며, 지역 사회에 우리 브랜드를 구축하는 주요한 역할을 하고 있다.

어떤 사업이든 성공하기 위해서는 질 좋은 제품과 서비스를 지속적으로 제공해야 한다. 우리라고 다를 것은 없다. 다시 말해 각 개인의 결과를 기반으로 한 원리는 우리가 돕는 사람들의 목표와 꿈을 다루어야 한다는 것을 의미한다.

-Bob Bennett

Ever Green Environmental

사회적기업 모델로 전환한 이래, Ever Green은 건강, 문맹, 산술 능력과 직업 경험 부족, 생활 문제 등으로 실업난을 겪고 있는 사람들에게 고용 기회를 얻도록 돕고 유지할 힘까지 불어 넣어 주었다. 실제로 44명의 직원은 자신의 직장을 유지, 확대하고 있으며, 많은 사람이 몇 년이 아닌 몇 주, 몇 달 만에 일자리를 유지할 수 있는 능력을 달성하고 있다. 많은 수의 직원이 감독직으로 승진했고 일부는 민간 분야로 넘어갔다. Ever Green의 성공은 다른 지역 사회 기반 단체에서 고용 이전 교육을 이수한 사람들을 끌어들일 수 있게 해 주었다. 고용된 사람들은 자신의 직업 생산성을 약 56%, 즉 하루 80,000개를 생산한다면 125,000개까지 생산할 수 있도록 증가시켰다.

대부분의 '지원' 프로그램은 참가자의 프로그램 참여도와 일의 성취도에 성공 여부가 달려 있다. 측정은 매우 세분화되어 있고 기준은 꽤 낮다. Ever Green의 경우 개인이 원하면 근무 시간을 연장할 수 있도록 유동적인 작업 스케줄을 설계했고, 이는 직원들의 일자리 질을 향상시키는 데 기여했다. 예를 들어 일주일에 8시간에서 16시간, 24시간 심지어는 40시간까지 일할 수 있도록 하는 것이다.

이 접근법을 이용해 이 중 46%가 상근제 시간(한 주 40시간)을 채우고 있으며, 34%는 반나절 정도 근무한다(한 주 20시간).

-Mike Wadden

기업을 위한 목표와 전략을 분명히 말하라

다음으로 해야 할 것은 사회적·조직적·재정적 목표를 세우는 것뿐 아니라 그것을 달성하기 위한 초기 전략을 수립하는 것이다. 이 단계에서 답변할 몇 가지 범주의 질문들이 있으며, 각 단계는 연구와 공동 토론을 포함한다.

벤처 기업의 사회적 미션과 목표를 탐색하는 것은 조직의 현재 미션과 목표가 미래의 사업 미션 및 목표에 얼마나 밀접하게 부합되는가를 포함한다.

이 단계에서는 사회적기업이 무엇을 성취하는지, 그 대상과 방법에 대해 질문하는 것이 중요하다. 무엇에 자신이 있는지, 자신이 모르는 것이 무엇인지 알아보는 시간을 가져라. 그리고 목적을 명확히 하는 데 필요한 정보를 찾아라.

당신의 답변은 기업 발전에 필요한 논리적 모델의 기초를 형성하게 할 것이다. 다음은 당신에게 필요한 몇 가지 사항들이다.

사회적 목적을 세워라

- 기업에 대한 당신의 사회적 목표는 무엇인가? 이는 고객, 직원, 지역 사회, 환경에 대한 목적 등을 의미한다.
- 사회적기업이 시장과 사회 전체에서 어떤 필요성이 있는가?
- 벤처 기업은 어떤 공백을 메울 수 있는가?

조직의 재정적 목표를 토론하라

- 조직의 재무적 목표는 무엇인가(예를 들어 재정 조달의 출처를 다양화하기 위함인가 혹은 기업을 통해 얻은 수익을 당신 수입의 일부로 대체하기 위함인가)?

누가 어떻게 도움을 받을 것인지 정의하라

- 기업을 통해 어떤 개인과 집단에 직접적으로 영향을 끼치고 싶은가?

- 기업이 하고자 하는 일을 어떻게 할 것인가? 또한 그것을 어떻게 알 수 있는가?
- 단체의 능력, 자산 그리고 이익과 가장 잘 연결된 전략은 무엇인가?

어떤 자원이 필요한지 확실히 결정하라

- 기업의 목적을 달성하기 위해 어떤 자원이 필요한가?
- 어떤 자원 사용 전략이 미래의 수혜자에게 가장 큰 효익을 제공할 것인가?
- 아이디어를 발전시키기 위해 어떤 자원을 투자하려고 준비하는가?
- 한정된 자원을 특히 어느 부분에 사용할 것인가?

희망하는 사회적 결과와 지표를 정의하라

- 기업을 통해 달성하고자 하는 사회적 결과는 무엇이며, 이는 누구를 위한 것인가?
- 당신의 사회적 목표와 직접적으로 연결되어 있는가?
- 당신이 목표를 달성했다는 것을 어떻게 알 수 있는가? 어떤 성공 지표가 당신의 성취를 입증해 줄 것인가?
- 이러한 결과들이 조직의 사회적 임무와 어떻게 관련이 있나?

조직의 재정적 결과와 지표를 정의하라

- 사회적기업을 통해 나타난 조직의 재정적 결과는 무엇인가?
- 이것이 달성되었음을 어떻게 알 수 있는가?

2단계 : 아이디어 생성과 기회 확인

이 시점에서, 당신은 준비된 프로그램이나 꼭 들어맞아 보이는 아이디어를 이미 가지고 있을지도 모른다. 아니면 특별한 아이디어는 없지만 이끌고 싶은 조직의 목표와 사회적 목표, 사회적기업에 대한 관심이 있을 수 있다. 둘 중 어느 것이든지 당신과 관계자들이 할 수 있는 한 많이 좋은 아이디어를 생성하라고 제안하고 싶다. 제4장은 최고의 아이디어를 많이 생성할 수 있는 구조화된 브레인스토밍 접근법에 대해 다룰 것이다. 이러한 아이디어들은 당신의 목표를 달성하고 성공시킬 가능성이 높다.

3단계 : 사전 타당성 분석

비록 최고라고 생각하는 몇 개의 아이디어를 간추려 내더라도, 사전 준비의 일환으로 이 아이디어에 대해 몇 가지 방법으로 실현 가능성을 타진해 볼 수 있다. 제4장은 몇 가지 기준을 이용한 아이디어 선별 과정에 대해 살펴볼 것이다.

4단계 : 타당성 조사

철저한 타당성 조사는 사업 아이디어를 한 번 더 신중하게 고려해 볼 기회를 제공한다. 타당성 조사를 통해 얻은 정보를 가지고 그 아이디어가 추가적인 시간, 자원, 에너지를 투자할 만큼 가치가 있는지 결정할 수 있다. 철저한 타당성 조사는 관련된 위험 요소를 보여 주며, 그것을 어떻게 줄이고 다룰 것인지 도와줄 것이다. 이 조사는 아이디어에 대해 얼마나 열정을 가지고 있는지와 잠재적 투자자들에게 사업 아이디어를 소개할 수 있는 사업 계획의 대략적인 토대를 제공해 줄 것이다. 이 단계에 관한 과제는 제4장에서 상세하게 다룰 것이다.

5단계 : 사업 계획

당신 조직에서 사업 아이디어가 타당하다고 결정을 내리고 투자 가치가 있으며 당신의 단체와 맞는다고 생각했다면, 구체적인 계획을 가지고 실행 과정을 이끌어 낼 필요가 있다. 사업 계획은 제품이나 서비스를 어떻게 만들고, 어떤 기술이 필요하며, 판매 경로, 가격, 관리, 재무, 법률 문제와 같은 전문적·기술적 문제들을 확인하게 해 줄 것이다. 이 단계에서 해야 할 일은 제5장에서 논의할 것이다.

사업 계획은 재정과 관련해서 기업이 언제까지 보조금을 받고, 언제부터 수익을 창출할 것인지(계획에 명시된 경우), 이러한 수익들이 어떻게 재투자될 것인지에 대해 투자자나 자금 조달자를 설득하는 데 이용될 것이다. 제5장에서는 사업 계획에서 재정적 부분의 계획과 검토에 대해 배울 것이다.

사업 계획 시 기업과 관련한 조직 상황을 조사해야 한다. 즉, 계획이 법적 제약으로 낭비되지 않도록 확실히 하라는 것이다. 예를 들면, 자선 단체의 일원이라면 자선 단체로서 법적 등록을 유지하는 것이 좋다. 제7장에서는 캐나다의 자선법과 정책에 대해 다루고 자선 단체로서 법적 상태를 유지하기 위한 옵션을 제공할 것이다. 또한 법적 허가나 특별한 책임 보험이 요구될 경우에 대해서도 확실히 해 두어야 한다.

6단계 : 실행 준비

이 가이드는 실행 준비와 관련한 세부 사항들은 다루지 않는다. 그러나 모든 준비와 계획이 끝나면 계획을 실행할 준비가 되어 있어야 한다. 이는 시작 단계를 위한 자금, 투자, 대출 등을 찾는 것을 포함해서 제품과 서비스를 비롯한 모든 것이 준비되었는지 확인하는 단계이다.

7단계 : 시작

이 가이드가 시작을 위한 전략을 제공하지는 않지만, 사업 계획은 계획뿐만 아니라 다룰 필요가 있는 대부분의 문제가 포함되어야 한다. 다른 어떤 문제가 발생해도 이 단계에서 준비가 철저하다면 걱정할 필요가 없다. 시작은 지금까지 단계 중 가장 신나는, 하지만 때로는 가장 지치는 단계가 될 것이다.

8단계 : 성과 측정

사업 운영과 관련한 모든 것들은 성과를 측정할 필요가 있다. 제6장은 사업을 시작하기 전에 평가 전략을 수립하는 것이 얼마나 중요한가에 대해 다룰 것이다. 만약 사회와 환경에 미치는 영향에 대한 비전과 명확한 목표 설정을 가지고 사업을 시작한다면, 측정 가능한 수행 지표를 확인할 수 있으며 사업 발전 과정을 통해 모은 정보를 수집하고 보고할 방법을 발전시킬 수 있을 것이다.

9단계 : 성장/재투자, 적응 그리고 진화

이 부분은 이 가이드의 범위를 넘어선다(그러나 당신의 능력을 넘어서는 것은 아니기를 바란다). 실패 위험이 있는 다른 사업처럼, 사업을 성공시키는 데 필요한 시간(당신이 성공을 어떻게 정의하든지 간에)은 처음 예상했던 것보다 더 오래 걸릴 수도 있다. 이 단계에 도달하면 성장과 도약을 위한 계획 과정이 초기 사업 계획 과정과 매우 유사하다는 것을 알게 될 것이다.

결론

이 장에서는 사회적기업을 실현시키기 위한 모든 단계를 복습했다. 이제 필수 과정에 관한 구체적이고 실용적인 정보를 얻기 위해 다음 장으로 넘어간다.

조직의 준비

이 장에서는 조직이 사회적기업을 준비할 때 겪는 어려움에 대처하는 방법을 제공할 것이다. 여기에서는 세 가지 준비에 대한 접근 과정을 설명한다.

- 기본적인 조직의 준비
- 사회적기업 준비
- 사업 준비

이 장을 검토한 후에는 조직의 준비성을 명확하게 측정할 수 있기를 바란다. 이 장의 마지막 부분에 제공되는 자가 측정법을 사용해서 그 결과를 토대로 필요한 특정 활동과 의사 결정을 찾아내고 준비성을 향상시킬 사업 계획을 발전시킬 수 있다. 이러한 활동은 비영리 단체가 사회적기업 진출을 준비하는 데 실용적인 도움이 될 것이다.

사회적기업의 어려움

아무리 사업 계획이 훌륭해 보이고 많은 후원자가 있다 할지라도, 사회적기업 창업은 기회이자 큰 도전이다.

대부분의 중소기업이 3년 이내에 실패한다는 것은 일반적인 사실이다. 사회적기업도 모든 중소기업에 영향을 미치는 이러한 시장 논리에 면제권을 가지고 있지는 않다. 사회적기업의 발전을 복잡하게 만드는 중요한 차이점은 영리 부문과 다르게 생각하고 작동하는 조직 환경이다.

다음의 표는 영리사업과 비영리사업의 일상적 권한, 작업 방식의 차이점을 개략적으로 보여준다. 민간 기업과 사회적기업 사이의 경계가 흐리기 때문에 이러한 이분법이 항상 분명한 것은 아니며, 모든 민간 소유 기업이 주주들의 이익 창출을 위해 운영되고 있는 것은 아니다. 민간 기업도 점점 더 사회적 · 환경적으로 책임 있는 행동을 하고 있다. 또한 모든 비영리 기업의 기업 활동이 부족한 것은 아니다. 몇몇 기업은 실제로 복잡한 상황을 관리하고 위험을 잘 극복하기도 하며, 혁신적이고 기업가적인 사고의 이점에 대해서도 능통하다.

핵심은 조직 문화의 적합성과 사업상의 모험을 성공적으로 다루는 데 필요한 요구와 자원에 대한 권한을 인식하는 것이다.

> "조직의 준비가 잘 되었는지 확인하라. 이를 통해 쏜살같이 나아 가기가 쉬울 것이며 타당성 연구를 시작할 수 있게 된다. 준비가 잘 되면 도와줄 수 있는 사람들이 모여 하나의 조직으로 함께 나아 가게 되며, 현재의 어려운 상황에 대한 최선의 아이디어와 해결책을 찾을 수 있고 조직 내 모든 사람으로부터 성공에 필요한 것을 얻게 될 것이다."
> – 공동체 평화를 위한 Haida Gwaii Society

영리사업과 비영리사업 비교*

영리사업의 접근법	비영리사업의 접근법
주요 목적 : 이익 창출	주요 목적 : 사회적 미션 이행
신속한 의사 결정 문화(요구)	이사회를 포함한 다층적이고 완만한 의사 결정 문화
기술과 경영 등의 인프라에 대한 투자 기대	고객과 지역 사회 대상의 직접적인 서비스와 프로그램에 대한 대규모 재정 지원 기대
재정적 목표를 최우선으로 달성	사회적 · 재정적 목표 동시 달성
소비자 필요에 초점	고객과 지역 사회의 필요와 요구에 초점

사회적기업을 운영하는 비영리 조직은 고객, 지역 사회 구성원, 자금 제공자, 투자자와 손님 등 여러 관계자에게 설명해야 할 의무가 있다. 민간 기업에 적용되는 규칙은 비교적 간단해 보이나 중요한 점은 이러한 다양한 책임과 결과 그리고 미션과 목표에 맞는 과정을 운영하는 데에는 많은 희생과 대가가 필요하다는 것이다. 비영리 조직에게 희생과 대가 혹은 목표를 유지하는 데 필요한 역량은 사회적기업을 시작하는 데 큰 장애가 된다.

---

* Eko Nomos 사회적기업 워크숍 시리즈에서 발췌

어렵게 사업을 수행하는 조직은 사업을 유지하고 성장하는 데 있어 여러 가지 문제점에 직면하게 된다. 거듭되는 문화적 변화는 끝없는 사업 방향의 전환이 필요하며 직원 관리, 재정, 기존 프로그램 유지와 서비스 지속 같은 부가적인 압박도 존재한다.

기업을 발전시키고자 하는 조직은 사업을 유지하고 성장시킴에 있어서 또 다른 난제를 이겨 낼 준비를 확실히 해야 한다. 조직 평가 이후, 많은 비영리 조직이 사회적기업 방식으로 진행하지 않으려 할 것이다. 그들은 준비하기 위한 방도를 강구하거나, 아니면 그냥 지나칠 수도 있다. 이것은 실패가 아니라 목표와 미션의 표류와 불필요한 자원 소모를 막아 줄 정보에 바탕을 둔 결정이다.

자신의 회사에 대해 고려하고 준비성을 검토할 시간을 가져라. 고려해야 할 세 가지 주요 사항은 기본적인 조직의 준비, 사회적기업 준비, 사업 준비 이다. 비영리 조직이 기존 프로그램과 서비스를 효과적으로 계획하고 이행하며 평가할 충분한 역량이 개발되었는지 확인하고 시작하라.

기본적인 조직의 준비

조직의 여덟 가지 주요 발달 특징은 사회적기업을 성공적으로 계획하고 착수하게 한다. 조직이 이러한 영역에서 능력을 개발함으로써 창업 시 어려운 문제에 잘 대비할 수 있다.

1. 명확한 비전과 미션 사명서

위원회 임원과 직원은 비전과 미션 사명서에 기반한 가치를 이해해야 한다

비전 사명서(vision statement)는 당신이 되고 싶어 하는 것이다. 비전은 광범위하고 일반적인 표현으로 쓰이며 명백히 규정된 조직의 가치에 바탕을 두고 있다. 미션 사명서(mission statement)는 당신이 하고 싶어 하는 것이다. 사명서는 실천해야 하지만 딱히 시간 제한이 있거나 완벽하게 성취할 수 있는 것은 아니다. 명확한 사명서는 당신의 조직만을 위한 것이다.

2. 전략 계획

기회와 위기를 확인하고 상황에 따라 계획에 반응하며 수정을 통해 구체적인 전략 계획을 세워야 한다. 따라서 조직의 직원과 위원회는 주기적으로 계획을 검토해야 한다

전략 계획은 어떻게 사명서를 완수할것인지를 보여 준다. 전략 계획은 개괄적인 전략 목표, 목적, 활동, 활동 완수를 위해 필요한 자원(인력, 재정 등), 시간표, 평가 항목을 개략적으로 설명한다.

　직업 및 재활 연구소(Vocational and Rehabilitation Research Institute, VRRI)의 Leslie Tamagi는 조직이 전략 계획에 적합하냐는 핵심 질문에 대해 중요한 답변을 내놓았다. 사회적기업에 참여하기 전에 재고해야 할 중요한 요소는 준비 작업에서 사업상 모험과 관련된 이해 관계자를 두는 것이다. 위원회는 사업을 맡을 준비가 되었는가? 사업주가 되는 것이 조직의 장기적 목표와 계획에 적합한가? 사업을 소유하고 경영하는 데 수반되는 위험과 법적 책임에 대해 알고 있는가?

캘거리 국제공항에서 일주일 내내 온종일 활동하는 30명이 넘는 VRRI 직원들은 수화물 수레가 출국객과 입국객의 수요를 맞추기 위해 전략적으로 배치되어 있다고 확신한다.
수화물 수레 수거자는 3,000개가 넘는 수레를 관리하기 위해 모든 공항 터미널과 주차장에 흩어진 수레들을 수거해서 가장 필요한 시간과 장소에 배치하는 복잡한 시스템을 개발했다.

　조직이 사업에 착수하는 것은 포괄적인 사업 계획뿐만 아니라 중요한 업무를 맡을 의식적인 결정까지도 요구한다. 이익 추구 사업을 경영하는 것은 인적 자원 정책과 절차에서부터 회계 시스템까지 조직의 모든 측면을 고려해서 행동해야 한다. 이러한 다양한 변화에 승선하기 전에 잠재적 혜택과 도전, 결과를 신중하게 고려하는 것이 중요하다.

3. 내부 변화

조직은 반드시 긍정적인 방식으로 변화를 조절하는 능력이 있어야 한다

이를 평가하기 위해 외부 압박이나 기회에 대응하여 내부 변화를 계획하고 시행했던 최근 경험을 조사하라. 만약 조직이 혁신에 가치를 두고 직원 투입을 계획하고 작동시킬 포럼을 제공한다면, 창조적인 사업 환경과 혁신적이고 기존의 혹은 새로운 기회에 반응하는 기업으로 발전시킬 수 있을 것이다. 직원이 과거에 중요했던 새 프로젝트를 어떻게 시작하고 관리했는지 살펴보아라.

4. 내적 갈등

조직은 반드시 내적 갈등 관리 기술이 있어야 한다

이 부분은 비영리 구조에서 사업을 운영하는 데 중요하다. 비영리와 상충하는 다른 (영리적) 관점을 다루어야 하기 때문이다. 과거 경험에서 조직이 구조적으로 갈등을 다루는 능력이 있는지, 의사소통에 문제 발생 시 좋지 않은 분위기를 조성하는지 살펴보라. 조직은 사업을 운영하고 매일 문제를 극복해야 하는 현실 속에서 의사 결정에 신속하게 대응해야 한다. 갈등을 관리하고 중재하며 해결하는 방법을 배우는 것이 효과적인 의사 결정을 촉진할 것이다.

5. 재정 관리

비영리 조직은 재정 구조를 명확하게 인지해야 하고 향후 2~3년간의 위기와 기회에 대한 가능성, 이에 대한 조직의 반응을 반영한 금융 시나리오를 개발해야 한다

사회적기업의 아이디어가 작든 크든 간에 재정을 이해, 계획, 관리하는 능력은 사업 개발과 경영에 필수적이다. 예를 들어, 사업 초기에는 연구 비용뿐만 아니라 기업의 궁극적인 판매 · 지출 예상이 합리적인지 판단할 수 있어야 한다. 이러한 것들이 조직의 건전한 재무 관리 실적을 세우는 전반적인 능력이다. 일반적으로 재정적인 부분은 정기 회계 감사, 회계사와 지속적인 접촉, 예산 편성과 현금 유동성 추정의 내 · 외적 기술, 지출과 예산, 변수 이해를 위해 예산과 예상 지출을 비교하는 정기 재무제표, 비영리 조직의 전반적인 계획 과정에 대한 재무 분석 지원을 포함한다.

6. 비용 효율성

서비스와 프로그램 평가 시 재무 관리와 관련된 비용 및 효과를 반드시 고려해야 한다

사업 관리자는 재정 목표에 초점을 맞추고 각 요소가 비용에 미치는 영향을 평가한다. 조직의 서비스와 프로그램을 평가할 때 효율성을 측정하는 관례가 있다면 효과적인 기업 관리에 더욱 쉽게 적용할 수 있다.

7. 인사 관리

조직은 반드시 명확한 업무 설명과 책임, 권한을 가지고 명시적인 인사 정책을 펴야 한다. 보다 창의적이며 위험을 감수하는 조직 문화가 있어야 한다

인사 관리의 기본은 안정적인 근무와 낮은 이직률이다. 또한 건강한 조직은 지역 사회 전반에서 결과를 내고 영향을 미치는 직원의 공헌에 가치를 둔다. 사업을 시작할 때, 사업 운영과 핵심 서비스 제공의 핵심 자원은 직원이라는 것을 명심하라.

8. 학습 조직

조직은 반드시 지속적으로 학습해야 한다

이 사항은 위원회와 직원 각 계층에 모두 필요하다. 초기 단계에서 위원회 구성원은 목표와 미션을 위해 조직과 그들의 역할에 대해 학습하는 특정 과정을 거쳐야 한다. 신규 직원 역시 예비 직무 교육을 이수하여 새로운 기술과 지식을 발전시켜야 한다.

사업 성공을 위해서는 학습에 가치를 두어야 한다. 이 과정 이후 직원과 위원회는 대개 사업을 계획하고 실행할 수 있는 능력을 아주 빨리 배울 것이다. 과거의 프로그램과 조직 개발을 학습하는 것은 새로운 사업을 준비하고 평가하는 데 도움이 될 것이다. 게다가 고객, 직원과 소비자 만족도를 포함한 사회적 · 재무적 목표를 얼마나 잘 달성하는지에 대한 정보를 수집하고 이에 대응하는 법을 알아야 한다. 당신

센터 타운 내 공동체 세탁 조합(the Centre Town Community Laundry Co-op, CLC)은 오타와의 저소득자에게 저렴한 세탁 서비스를 제공하는 비영리 시설이다. 조합원들은 깨끗한 옷으로 공동체 의식과 지원 네트워크를 만끽한다.

의 조직은 내부 사정에 유용한 정보 자원을 사용하고 있는가?

요약

이 목록에서는 사업가로 전환하는 것을 도와줄 여덟 가지 중요한 조직 행동과 태도를 강조했다. 당신의 조직이 모든 분야에서 뛰어날 가능성은 낮다. 하지만 기업을 세우기 전에 관심을 가져야 할 핵심 이슈(분명히 당신의 성공을 방해할 이슈)를 자각하고 있어야 한다. 학습과 능력이 발달하면 조직의 준비와 개발 과정의 일환으로 실행 계획과 구체적인 일정을 설계할 수 있으며, 사회적 기업 준비와 사업적 준비 또한 할 수 있다.

사회적기업 준비

이 장에서는 조직이 이윤을 창출하는 방향으로 쉽게 변화할 수 있는 네 가지 일반적인 활동 영역에 대해 논할 것이다.

센터 타운의 공동체 세탁 조합
지역 사회 경제 발전을 위한 사회적기업을 경영하려 한다면 강력한 위원회가 있는 것이 매우 중요하다. 초기 위원회 의장은 조직에 헌신했다. 그분은 의장직을 좋아했으며 조직에 많은 영향을 미쳤다. 그분은 완전히 조직에 헌신하며 열정적으로 시간과 노력을 쏟았다. 초기에는 이런 사람이 필요하다. 능력 있는 재무 관리자 또한 필요하다. 월례 회의에 참석하는 것만이 아니라 조직에서 무엇을 하는지에 대해서도 아는 열려 있는 사람이 필요하다.
위원회 구성원은 직원들과 유대감을 가져야 하고 서로를 알아야 한다. 이들은 구성원이 어디 소속이며 관심사가 무엇인지 알아야 한다.

– Marianela Santamaria

1. 사회적기업의 개념 이해

위원회, 경영진 그리고 모든 직원은 조직을 위해 사회적기업의 개념을 이해하고 관심을 가져야 한다

사회적기업에 대한 관심은 위원회의 한 사람이나 직원 한 사람 또는 조직 내의 한 부서에서 시작될 수도 있다. 하지만 중요한 점은 위원회, 경영진, 직원 모두 사회적기업으로 무엇을 성취할 수 있는지와 조직과 고객을 위한 잠재력을 얼마나 가지고 있는지 이해하는 것이다. 당신은 조직의 모든 사람의 지지 없이 사회적기업을 계획하고 발전시키는 것은 원치 않을 것이다.

결국엔 신중한 실행 가능성 연구 조사가 필요하겠지만, 위원회와 직원들은 사회적기업이 얼마나 실현 가능한지, 어떤 위험과 문제점이 있는지 미리 알고 있어야 한다. 어떤 조직이라도 위원회와 직원 모두에게 위기가 올 수 있다. 그러므로 조직에 내재된 사회적기업의 개념이 중요하다. 새로운 사업은 프로그램과 서비스의 한 측면에 불과하지만, 전체 조직에 영향을 미칠 뿐 아니라 각 직원의 업무와 고객이 받는 서비스에도 상당한 영향력을 행사한다. 몇몇 조직은 사업 아이디어를 계획하고 실행하기 위해 한 명의 핵심 직원에게 임무를 할당하기보다 직원/위원회로 구성된 기업 개발 이사회를 설립한다. 일부는 사회적기업 워크숍이나 회의에 대표를 참석시켜서 위원회나 직원회의에 결과를 보고하게 한다. 그 후에 조직은 아이디어를 본격적으로 실행할 것이다. 핵심은 아이디어가 조직과 잘 맞는지 여부와 미션에 가치를 부여할 수 있는 아이디어 개발에 지원해야 한다는 것이다.

팀 능력 구축

"위원회의 위치에서 기업을 시작할 때 권한이 부여된 팀의 능력을 구축해야 한다. 문제가 나타난다면 적절한 조치를 취해야 한다. 문제 해결 능력도 있어야 한다. 훈련과 교육은 위원회와 직원 모두에게 중요하다."
- Carole Lachance, Le Bufacin

2. 외부 영입

외부 이해 관계자도 정보를 잘 알고 지원받아야 한다

비록 외부 관계자가 사업에 대한 의사 결정권이 없다 할지라도 이들은 사업의 기부자, 파트너, 정부 접촉자, 지지자이다. 그러므로 이들도 중요하다. 바람직한 사업 개발은 어느 시점에 외부 투입을 할 것인지 혹은 그 과정에서 도움을 줄 수 있는 이해 관계자에게 언제 알릴지 아는 것을 의미한다. 아이디어가 외부 지원 구축과 외부 투입이 필요한 지점까지 발전했으면 반드시 다른 사람과 공유해야 한다. 당신이 사업을 시작할 때 기부자와 투자자가 계속해서 지원을 해 줄 것인가? 다른 이와 아이디어를 공유함으로써 파트너십과 협력자, 자금 확보나 기업 투자를 위한 새로운 기회를 열 수 있다.

3. 잠재적 경쟁자와 협력자

잠재적 경쟁자와 협력자의 범위를 알아야 한다

지역 사회의 프로그램과 서비스를 다시 살펴보고, 현재 및 잠재적 협력자와 경쟁자를 확인하라. 이 과정에는 다른 기관 사업, 개인, 민간사업도 포함한다. 다른 이들이 당신의 분야에서 무엇을 하고 있는지, 잠재적인 협력자와의 제휴를 모색하라. 당신이 추구할 사업 아이디어로 조직을 최상으로 만들 당신만의 분야와 특별한 역량을 명확히 해야 한다. 그렇게 해야 어떤 파트너십을 체결할지 평가할 수 있고 경쟁에서 이겨 낼 방법을 알 수 있을 것이다.

4. 자원 배치

직원의 근무 시간은 기업 발전을 위해서 특별히 할당되어야 한다. 위원회와 직원 모두 보다 추가적인 노력이 필요하다

당신의 자리 없이 사회적기업은 운영될 수 없다(비록, 종종 그렇게 시작하기도 하지만).

기업을 계획하기 위해 전문 인력의 시간과 적절한 자원을 배정해야 한다. 사업 아이디어를 계획하고 발전시키기 위해 두 명의 시간제 근로자가 필요할 수도 있다. 기업을 시작하고 운용하기 위해 조직 외부에서 누군가를 고용할 수도 있지만, 직원들은 계획 단계에서부터 초기 역할이 크다는 것을 명심해야 한다. 사회적기업의 발전을 통해 직원의 능력을 인정하고, 기술 또한 개발할 수 있도록 하는 것은 직원에게 동기를 부여하며, 이는 경영 성공에 중요한 내부 자원으로 나타난다.

이제 본격적으로 사업 준비에 들어가 보자.

사업 준비

조직이 기업에 전념할 준비가 되었다면, 사업 아이디어와 직접 관련된 분야에서 조직의 역량을 키우고 있다는 확신이 필요하다. 금융, 마케팅, 분석 능력(사업 관련 의사 결정) 등을 강화해야 한다. 당신이 가져야 할 최소 다섯 가지의 기술 자원이 있다.

1. 사업 경험

위원회와 각 직원은 사업 경험이 있어야 하며, 그렇지 않다면 반드시 보완되어야 한다

만약 현재의 위원회가 사업 전문 지식이 없다면, 경험 있는 사람을 위원회에 고용해야 한다. 즉, 특정 산업이나 어느 분야에서 경험이 있는 사람이 필요하다는 것이다. 이는 일반 사업가, 회계사, 변호사, 건축가, 판매 및 마케팅 경험자 등이 될 수 있다. 기존의 위원회 구성원은 새 구성원의 특별한 조언에 의존한다는 것을 알고, 이들이 위원회에 합류할 때 기업에 대한 인식과 활동 지원을 명확히 해야 한다.

이미 사업 공동체와 관계를 맺었다면, 해당 분야의 전문가를 계획 과정부터 합류시킬 방법을 찾아야 한다. 회계사는 위험을 감수할 재무 상태에 대해 조언하는 한편, 변호사는 사업 운용 구조를 세우는 것을 도울 것이다.

사회적기업 발전에 최고의 요소는 창조성과 위원회와 직원 및 외부 조언자들을 모으는 것이다. 이러한 자원 집단은 조직 운영에 관여될 필요 없이 산업, 마케팅과 생산이나 서비스 발달과 관련된 중요한 이슈에 대해 직원과 임원에게 정보를 알려 주고, 필요할 때 중요한 접촉을 할 수 있다.

2. 진취적이고 자발적인 직원

사업을 잘 이끄는 사람은 아이디어를 발전시키는 능력과 권한을 가져야 한다

어떤 조직이든 새로운 아이디어를 잘 실현시킬 적임자가 있어야 한다. 일을 진행하고 이끌어 나갈 적임자가 없다면 지금 당장 찾아야 한다. 기존 직원에게 일을 배정하려 한다면, 열정이 있고 사업을 잘 알며 사회적기업에 많은 관심을 가진 사람을 찾아야 한다. 그 사람은 열정을 가진 직원들로 구성된 작은 팀을 이끌게 될 것이다. 사업을 운영하기 위해 외부 인사를 고용할 수도 있지만 기존 인력 중에서 찾는 것이 더욱 중요하다. 현재 일에 대해 잘 알지 못하더라도 기업 성장에 대해 배우려는 의지가 있고 그 과정을 발달시킬 힘, 리더십, 일을 잘 진행시킬 수 있는 사람을 찾아보라.

3. 재정과 정보 시스템

조직의 재정과는 별도로 사업상의 위험을 추적할 수 있는 강력한 장부 관리와 회계 시스템이 있어야 한다

사업 운영 시 현 재정 상태에 대한 그림을 한눈에 볼 수 있도록 수익과 비용을 분리해야 한다. 조직이 사업 운영을 본격적으로 시작하게 되면, 사업 관리를 위해 완전히 새로운 재정 시스템을 개발해야 할 수도 있다. 적시에 정보를 운용하는 능력은 의사 결정 지원 시 아주 중요하다.

4. 계획과 착수를 위한 자금

조직의 발전을 위해서 기업은 자본을 제공해야 하며 본격적인 기업 활동을 위해서는 안정적인 자본 조달을 보장해야 한다

사업을 계획하고 실행하는 데 필요한 자금을 확보하는 방법에 대해 심사숙고해야 한다. 대부분 조직의 초기 단계의 업무는 다양한 곳에서 자금을 모으는 것으로 시작된다. 다음 질문을 고려하라.

- 조직은 벤처 투자를 위한 자금력이 있는가?
- 위원회는 자원(재정, 인력, 시간)을 장기적 관점에서 계획하고 이행하는 중요성에 대해 인지하고 있는가?
- 자금 제공자 중 일부는 연구 개발(R&D), 착수, 이행을 위한 보조금을 제공하는가?
- 사회적기업에 대해 이해하고 기업의 공고한 기반 확보를 위해 다년간 보조금을 제공할 자금 제공자가 있는가?
- 저금리 대출과 신용 거래처를 확보할 수 있는가?
- 3년 이상 이윤 창출 없이 사업을 이끌어 갈 수 있는가?

5. 인력 및 기타 자원

직원들은 이미 필요한 직무 능력을 보유하고 있거나, 고용과 훈련을 통해 직무 능력을 확보할 계획이 있어야 한다

사업에 필요한 특정 분야의 전문 지식을 고려하라. 사업 발전을 위해서 직무 능력을 갖춘 직원이 이미 보유한 기술과 습득이 요구되는 기술과 경험을 살펴보아야 한다. 필요하다면 비용이 들더라도 효과적인 훈련을 찾아보고, 사업을 도와줄 인적 자원이나 전문가 고용을 고려하라. 예를 들어, 건축 재료 판매자와 같이 많은 양의 물품을 구축할 것으로 예상된다면 물품 목록 관리에 경험이 있는 지원자나 조언자를 찾고, 그와 동시에 사업을 운용하기 위한 특별한 물리적 필요 요건도 고려해야 한다. 만약 당신이 음식 조달업을 계획하고 있다면 적절한 공간, 주방 기구, 공급자, 운송 수단 등의 자원을 고려해야 한다.

자가 평가를 하라

사업을 시작하기에 앞서 아래 질문지를 통해 조직이 얼마나 준비되었는지, 조직 개발이 얼마나 더 많이 필요한지를 확인하라. 기업을 시작하기 전에 몇 가지 단계를 계획해야 할 수도 있다. 이는 해당 분야를 식별하는 데 도움이 될 것이다. 또한 기업을 발전시킬 때 사업의 통찰력을 구축할 수도 있다(온라인으로 접속하면 자료실에서 다른 용도의 설문지를 내려받을 수 있다. www.enterprisingnonprofits.ca).

기업 자가 평가 설문지

기본적인 조직의 준비	약 ——→ 강			
당신의 조직은...	1점	2점	3점	개선 방안을 작성하라.
위원회와 직원이 분명히 설명하고 지지하는 비전, 임무, 목표가 있는가?	☐	☐	☐	
정기적으로 업데이트되는 전략 계획이 있는가?	☐	☐	☐	
내부 변화를 계획하고 실행한 경험이 있는가?	☐	☐	☐	
내부 갈등을 해결한 경험이 있는가?	☐	☐	☐	
재정 상황을 알고 향후 2~3년간 가능한 시나리오가 있는가? 예를 들어 과거 3년간 재정적 안정성이 있었는가?	☐	☐	☐	
자금을 다양화했는가?	☐	☐	☐	
책임의 명확한 경계가 있는가? 또한 결과 지향적인가?	☐	☐	☐	
지속적인 학습과 혁신에 대한 확실한 계획이 있고 직원이 위험을 감수하도록 격려하는가?	☐	☐	☐	
활동을 평가할 때 비용 효율성을 검토하는가?	☐	☐	☐	
소계 :				

사회적기업 준비	약 ──→ 강			
	1점	2점	3점	**개선 방안을 작성하라.**
아이디어가 조직의 능력, 자본, 견고성에 적합한가?	☐	☐	☐	
위원회, 경영진, 직원들이 사회적기업에 관심을 가지고 있는가? 그들이 사회적기업에 대해 이해하고 있는가? 그들이 사회적기업에 대한 심층 조사를 지지하는가?	☐	☐	☐	
사회적기업의 아이디어가 미션과 목표에 부합하는가? 적합한 가치가 있는가?	☐	☐	☐	
기업 발전을 위한 직원의 시간을 따로 배정했는가? 직원과 위원회가 여분의 노력을 쏟을 의지가 있는가?	☐	☐	☐	
외부 이해 관계자(고객, 구성원, 기부자, 자금 제공자)가 있는가? 그들이 사회적기업을 지지하는가?	☐	☐	☐	
잠재적 협력자와 경쟁자를 알고 있는가? 조직을 지지해 줄 파트너십에 대해 생각해 보았는가?	☐	☐	☐	
소계 :				

사업 준비	약 ──→ 강			
	1점	2점	3점	**개선 방안을 작성하라.**
위원회나 직원 중에 사업 경험자가 있는가? 내부에 적절한 직원이 있는가?	☐	☐	☐	
사업의 위험을 탐지할 강력한 장부 관리와 회계 시스템이 있는가?	☐	☐	☐	
기업을 계획하고 착수하기 위해 어떻게 자금을 확보할지 생각해 보았는가?	☐	☐	☐	
직원이 필수적인 기술을 가지고 있는가? 그렇지 않다면 필수적인 기술을 확보한 아이디어가 있는가?	☐	☐	☐	
유사시 필요한 공간과 장비가 있는가?	☐	☐	☐	
기업 발전을 위해 투자할 자금이 있는가?	☐	☐	☐	
소계 :				
합계 :				

점수 평가 방법	
21~30점	낮은 준비성 수준, 해야 할 일 많음
31~49점	중간 준비성 수준, 몇몇 중요한 이슈와 핵심 분야에 주목!
50~63점	높은 준비성 수준, 준비 완료!

비록 전체 점수가 높더라도, 특정 질문에 1점인 항목이 있는지 살펴보라. 계획을 더 발전시키기 전에 해당 측면에 대한 조직 강화에 주목해야 할 필요가 있다.

준비를 위한 실질적인 팁

이 평가는 조직의 발전을 위해 개선해야 할 분야를 확인할 수 있으며, 준비성 향상을 위한 구체적 실천의 착수에 도움이 된다. 이러한 전략과 활동의 대부분은 그룹의 전략 계획을 내포하며, 진행 상황에 대한 정보는 정기적으로 직원과 위원회로 전달할 수 있다. 여기에 조직의 준비, 사회적기업 준비,

> **BC의 건강 가정 관리 사회**
> 우리의 목표는 "10%의 이익을 만들기 위해 독감 치료에 얼마를 지불할 것인가?"라는 질문에 답하는 것이다. 우리 사업의 컨설턴트는 독감 치료의 가치 흐름 지도(value stream map)의 개발과 발전을 위해 23시간씩 작업한다. 가치 흐름 지도를 만들기 위해서는 독감 치료에 필요한 단계를 명확히 구분하고, 각 단계 수행에 필요한 시간과 비용을 계산해야 했다. 컨설턴트들은 비용 및 기타 투입 변화에 따라 업데이트될 수 있는 가격 설정 도구를 개발하는 데에 그 정보를 사용했다. 저스트 인타임(just in time) 생산은 또 다른 신개념이다. 1997년 독감 진료를 시작한 이후 처음으로 10%의 이익을 창출했다. 이익금은 리치몬드와 밴쿠버의 Chinese and Western Meals on Wheels 프로그램에 이용되었으며, 우리가 제공하는 다른 프로그램에도 이 지식이 사용되고 있다.
>
> – Wendy Williams

사업 준비를 위한 몇 가지 제안이 있다.

조직의 준비 구축

아래의 접근법 중 하나 이상을 사용해 결정할 수 있다.

건강 가정 관리 사회의 건강 증진 서비스는 1997년 이후 계속 시행되고 있다. 그들은 예방 주사, 건강 교육, 스크린 테스트, 직업 건강과 기타 서비스를 제공한다. 서비스는 전체 지방 120여 개 공동체 사람들과 직장이나 약국에 있는 고객들의 요구를 맞춰 준다. 이러한 서비스를 사용함으로써 지역 공동체의 자선 프로그램에 많은 지원을 제공하는 한편, 직원과 고객들의 건강을 증진시킨다.

- 당신이 확인한 문제와 관련해서 사람들의 일을 구조 · 조직화해 주고 도움을 줄 컨설턴트를 고용하라.
- 조직의 강 · 약점에 대한 신속한 평가에 위원회를 참여시켜라.
- 사회적기업을 포함한 조직 전체의 사업 계획을 개발하라.
- 조직의 전략 계획을 점검하고 최신화하거나 새로 만들어라. 조직의 미션과 목표, 비전, 가치를 검토하고 활성화할 수 있도록 하라.
- 조직의 내 · 외부 의사소통 수단을 점검하고 지속적으로 개선하라.
- 위원회 구성원에 대한 정책을 포함한 위원회 통치 방식을 점검하라.
- 최신 직무 설명서와 직원 정책을 준비하라.
- 조직의 우선순위 목록과 달성을 위해 필요한 도구 목록을 개발하라.
- 훈련 · 교육 예산과 인사 관리 · 위원회 정책을 검토하라. 새로운 것에 대한 학습을 조직 전체의 최우선 과제로 삼아라.
- 총괄적인 재정 관리 시스템 점검을 포함하여 자원을 별도로 설정할 수 있는 방법을 토의하라.
- 조직과 조직의 방향에 대한 관점을 공유하기 위해 외부 이해 관계자를 참여시켜라.

사회적기업 준비 구축

여기에 유용한 몇 가지 아이디어가 있다. 위원회 및 직원들과 사회적기업 초기의 어려움에 대해 논의하라. 임무와 예산의 영향이 동일하다고 가정한 후 (최상부터 최악의 경우까지)시나리오를 개발하고 솔직하게 토론하라.

- 다른 사회적기업을 초빙해서 직원과 위원회에게 연설하도록 하라. 어려움, 이익, 심지어 실패까지 포함해서 사회적기업 운용 경험을 모두 공유해 달라고 요구하라.
- 다른 사회적기업을 방문하라. 지역 공동체 기여와 직원들의 업무 활동에 대한 차이점을 확인하라.
- 사회적기업 네트워크를 구축하고 그들의 전문적인 발전 제공에 참여하라.

Enterprising Women Making Art(EWMA)는 'Atira 여성 자원 Society' 프로그램의 일환으로서 여성에 대한 폭력 종결을 목표로 2003년에 창설했다. 예술, 공동체 사회적기업가 정신을 혼합한 EWMA는 여성의 시각 예술 작품과 수공예품을 생산하고 판매하기 위해 작품을 공동 출자로 조직화하여 민주적이고 공평한 사회적기업에 참여한다.

- 사회적기업에 관한 회의와 포럼에 참석하라. 예를 들어 캐나다 사회적기업 위원회는 2년마다 회의를 개최하며, 지역 조직은 사회적기업에 초점을 맞춘 워크숍과 회의를 개최하고 있다.
- 리스트서브(특정 그룹 전원에게 메시지를 전자 우편으로 자동 전송하는 시스템—역주), 토론 포럼, 위키에 참여하라. Enp 웹사이트의 "전문가에게 물어보기" 코너, Social Enterprise Alliance(SEA)의 리스트서브, 캐나다 사회적기업 포럼 등을 통해 사회적기업에 대해 질문하고 경험을 제공하라.
- 온라인, 도서관이나 자원을 공유하고자 하는 다른 조직을 통해서 자원이나 유사 비즈니스 모델을 접하라.

사업 준비 구축

사업 준비를 개선하는 것은 전문적인 작업이다. 아래는 경영 사례, 기술, 적성의 적용에 대한 제안이 담겨 있다.

- 금융 기관 직원, 회계사, 진입 계획 분야에서 경험이 풍부한 사람을 새로운 위원회 구성원으로 영입하기
- 사업 경험이 있는 직원을 고용하여 비영리 분야에 대해 이해하고 일하도록 훈련시키기
- 사업 기술에 대한 직원 훈련 또는 경영 과정에 대한 학습 지원 제공하기. 직원 훈련은 경영학 박사 과정 이수나 평생 교육 프로그램을 포함한다.
- 다른 사회적기업과 멘토십 구축하기
- 재무표를 읽고 이해하는 위원회의 능력, 더 좋은 보고와 토의 방법에 대해 실험 · 평가하기
- 위원회 구성원과 직원들이 사업가와 일할 수 있도록 실무진 양성하기
- 직원과 위원회를 지원하기 위한 컨설턴트 그룹 구성하기
- 위기관리 계획과 출구 전략 개발하기
- 벤처에 대한 시장 조사와 홍보를 위해 경영학 전공자를 고용하고, 학생들

에게 현장 실습과 인턴을 제공할 방법 찾기

- 금융 기관에 접촉하고 비영리 조직에 대한 사업 실제에 관한 워크숍 요청하기
- 지역 내 Canada Business Service Center에 직접 또는 온라인으로 참여하기. 최근에는 정책의 변화로 영리 사업가뿐만 아니라 비영리 사업가도 서비스에 접근할 수 있다.

결론

다음 장에서는 사업 발달의 기술적 측면에 초점을 맞추는 한편, 조직의 성공 가능성에 대해서도 계속해서 평가하고 발달시켜야 한다. 사업 발달 과정의 매 단계마다 이러한 사안을 반영하고 해결하라. 기업이 자금 조달 계획을 세우고 실행할 때는 이러한 과정을 거쳐야 한다.

사업 발전과 실행 과정을 통해서 새로운 과제가 생기면, 이전에 확인했던 사안을 점검하고 준비성에 관한 사업 계획에 주의를 기울여라. 기업 발전 과정을 촉진하기 위해서는 이러한 사안에 대해 적절한 방법으로 대응하고 있는지 확인해야 한다.

일부 취약한 분야는 지속적으로 더 많은 관심이 필요할 수 있다. 다른 분야에서 조직의 능력이 약화되어 있을 수도 있다. 어느 경우든지 체계적이고 주기적으로 능력을 점검하는 것은 문제를 평가하고 이해하며 해결하는 데 도움이 될 것이다.

아이디어 확인 및 타당성 분석

대부분의 사업은 끊임없이 목표를 추구하는 기업가의 아이디어에서 시작된다. 이러한 과정은 사회적기업 분야에서도 잘 알려져 있지만, 사회적기업이 추구하는 아이디어에 대해 신중해야 하는 몇 가지 이유가 있다. 이는 다른 분야보다 더 뛰어난 분야에 국한된 것은 아니다. 사실 사회적기업에는 수없이 다양한 사업 아이디어가 있다.

Enp는 다음의 일반적인 사업 아이디어를 제공하여 성공적인 발전을 돕고자 한다.

- 조경, 풍경 조성 사업
- 서비스 사업 패키지
- 축제 입장권 발권 서비스, 공연, 이벤트 제작 및 기획 등 예술, 연예, 오락 관련 서비스
- 건축 현장 준비, 철거, 보수, 개간, 지원 재건 서비스
- 교수법 개발 워크숍
- 음식 서비스를 제공하는 커피숍, 식당을 포함한 음식, 숙박 관련 서비스
- 노인을 위한 재택 건강 관리 사업을 포함한 건강 서비스
- 번역, 기업 분석, 의사소통과 일반 관리 컨설팅, 웹사이트 평가와 시험 서비스를 포함한 전문적·기술적 서비스
- 자산 관리, 회의 시설, 임대 사무실을 포함한 부동산 서비스
- 사무용품, 장비, 건강, 개인 활동 보조를 위한 가게(청각 및 통신 보조)를 포함한 도·소매 거래
- 식품 생산, 교통수단, 나무와 도자기 제품을 포함한 제조업
- 비디오나 게임 같은 문화 제품을 포함한 정보·문화 산업

이 영역에는 수많은 가능한 사업이 있다. 중요한 문제는 어떻게 아이디어

선택 과정을 거칠 것인가이다. 이것이 이 장에서 다룰 내용이다.

예측하기

기업가의 아이디어를 비영리사업으로 구현하는 것은 많은 시간 소비와 좌절 과정을 동반한다. 아이디어가 채택되고 시험되는 몇 달 동안, 참여자는 아이디어가 선택되지 않았거나 선택된 아이디어가 실현 불가능하다는 것을 알고는 어려움을 느낄 수 있다.

이는 자연스러운 것이며 문제를 통해 생각이 건강하게 전환되는 한 방법이 될 수 있다. 사실 대부분의 선택 과정은 다른 사업이나 조직의 문제를 확인하고 분석하며 해결하기 위한 훌륭한 시작이 된다.

이 장에서는 잠재적인 사업 기회를 선별하고 가려내는 데 사용할 수 있는 구조적 과정을 제공한다. 다음의 과정을 어떻게 완수할 수 있는지 개략적으로 설명한다.

1. 준비
2. 아이디어 창출
3. 신속한 검토
4. 두 번째 검토
5. 타당성 연구
6. 사업 계획 요약

이러한 과정은 잠재적 기회를 평가하고 우선순위를 정하는 데 사용할 수 있다. 하지만 아이디어를 창출하고 무엇을 추구할지 결정하는 것에는 수많은 접근법이 존재한다는 것

"비영리 조직이 사업의 세계로 들어가야 하는가? 비영리 조직이 다음의 상황처럼 성공적으로 사업을 운용한다면 찬성할 것이다."

☑ 미션과 비전, 가치와 잘 맞을 때
☑ 전략 계획과 잘 맞을 때
☑ 명성에 해가 되지 않을 때
☑ 최소한의 위험으로 투자에 대한 사회적 반환을 할 때
– Leslie Tamagi, VRRI

을 명심해야 한다. 특별한 접근법을 사용할 필요는 없다. 중요한 것은 기업 선정 과정에서 핵심 이해 관계자들이 동의할 만한 체계적인 접근법이 있어야 한다는 것이다. 이는 이익이 되지 않을 사업에 자원을 낭비하지 않게 하고, 특정 아이디어를 개발하기 위해 최선을 다하게 하며, 실행에 전념하도록 도와 줄 것이다.

구조적 과정의 가치

체계적인 것이 좋은 데에는 많은 이유가 있다.

- 구성원, 고객, 소비자의 요구를 충족하는 상업성 있는 제품과 서비스 개발
- 현재 참여 중인 활동을 통한 기업 아이디어의 개발 가능성
- 조직의 자금 확보 능력 향상(보조금, 벤처 자선 활동, 투자 자금 등)
- 보다 기업가적인 조직 접근 방식 지원
- 기업 공동 부문이나 다른 이해 관계자의 지지를 얻는 업무 관련 접근법 개발
- 실패 위험 감소

적절한 선택 과정은 변화하는 환경에 먼저 반응하는 조직의 능력을 구축하는 데 도움이 된다. 또한 이러한 경영 활동과 조직의 가치, 미션, 전략·사업 계획, 구조의 맥락 속에서 관련된 조직의 변화를 관리하는 것을 도와준다.

제품이나 서비스 아이디어를 창출하기 위해 사용되는 접근법은 조직의 준비 상태와 자원의 유용성을 포함하여 요인의 범위에 따라 달라진다. 또한 조직과의 관계에 따라, 일상의 역할에 따라, 사업 계획에서 전문 지식의 수준에 따라 다양한 위원회, 직원, 자원자, 그리고 이해 관계자들이 연관되어

있을 수도 있다.

과정에서의 단계

정리해 보면 아이디어를 창출하고 그것을 유용성에 따라 평가하는 단계는
다음과 같다.

1. **준비** : 준비는 이전 장에서 확인했던 것처럼 임무와 목적을 점검하고, 조
   직의 강점을 평가하며, 잠재적인 시장을 이해하고, 사업 발달 과정에 지
   원과 열의를 쏟는 것을 포함한다. 당신이 추구하는 아이디어의 간략한 평
   가 기준(미션과의 양립 가능성, 낮은 자금 요구 가능성 등)을 개발하라.
2. **아이디어 창출** : 고객, 직원과 다른 이해 관계자와 함께 브레인스토밍 과
   정을 통해 모든 아이디어를 담은 목록을 작성하라.
3. **아이디어 거르기** : 각각의 아이디어를 평가 기준과 비교하고 아이디어가
   기준과 얼마나 일치하는지 살펴봄으로써 아이디어 목록을 수정하라.
4. **타당성 연구** : 가장 가능성이 높은 한두 가지 아이디어에 대해 조사하라.
   궁극적으로 타당성 연구는 조직이 특정 아이디어에 많은 시간과 자원을
   투자해야 할지 결정해 줄 것이다.
5. **사업 계획 요약** : 사업 아이디어의 핵심 요소를 요약하라. 이것은 사업 계
   획의 기초를 형성하고 잠재적 지지자와 투자자에게 아이디어를 미리 홍
   보할 수 있을 것이다.

지금부터 각 단계를 자세히 살펴보자.

1. 준비

아이디어를 창출하고 검토하기 전에 당신의 조직과 시장을 평가할 기회를 만들어라. 당신은 조직의 준비 상태를 평가하고 개선함으로써 이러한 작업을 이미 마쳤을 것이다.

과정에 대한 헌신과 지지 구축

아이디어를 창출하고 거르는 과정을 거치는 것은 큰 노력이 필요하다. 확실하지 않은 일을 진행하는 것은 어려운 일이 될 것이다. 사람들이 좋아하는 아이디어가 거부될 수도 있으며, 조직에서 편안하게 잘 진행된 부분 또한 압력을 받을 수 있다.

　본격적으로 진행하기 전에 우선 모든 핵심 이해 관계자가 몰입하고 지지해 줄 수 있도록 노력해야 한다. 발전할 시간을 가져라. 발전을 위해서 함께 개발하라. 이는 핵심 이해 관계자가 걸림돌이 되기 전의 잠재된 어려움을 잘 이끌어 줄 기회를 제공할 것이다.

미션과 목표 검토

이것은 가장 본질적인 부분이기 때문에 계속해서 강조했다. 제3장에서는 사회적기업이 목표 설정을 최우선으로 하는 것이 중요하기 때문에 기업의 비전과 사회적 목적을 명확히 확인하여 과제를 해결했다. 사회적기업의 궁극적인 결과는 여러 가지 측면의 조합, 융합, 사회적 재투자, 사회적 영향력을 포함한다. 이러한 결과와 상대적인 우선순위를 이해하는 것은 아이디어를 선택하고 탐구할 평가 기준을 제공해 줄 것이다.

　예를 들어, 재정적인 목표에 대해 생각할 때 '큰' 이익과 '작은' 이익이 조직에게 정확히 어떤 의미인지 규정하라. 모든 사회적기업이 이윤을 창출하지는 않는다. 오로지 기업을 부양하기 위해 벌어들인 이득에만 의존하지 않는다면 신뢰할 수 있는 보조금을 이익 원천의 하나로 생각할 수 있다.

첨단 네트워크와 연구 조사

인터넷을 이용해서 전문가, 잠재 고객 및 기존 고객과 인터뷰를 하라. 신문 보도를 통해 고객과 산업에 영향을 주는 혁신가가 누구이며 세계적인 혁신이 무엇인지 찾아라.

연구 조사를 산업의 좁은 의미로 제한하지 마라. 예를 들어, 장애인을 위한 훈련장을 만들고 싶을 때 노숙자를 위한 직업 프로그램도 고려하라. 식당에 관심이 있다면 식당 서비스에서 영감을 받은 다른 서비스 개념도 찾아보라.

이 조사의 핵심은 영감과 동기를 부여하고 동향을 이해하는 것이다.

이 장 시작 부분에 있는 일반적인 사업 아이디어를 다시 검토해 보는 것도 좋다.

조직의 장점과 단점 평가

이미 전 단계에서 조직의 장·단점 평가를 했겠지만, 전반적인 사업 아이디어를 본다는 맥락에서 이 작업이 필요하다. 이 단계에서는 가능한 한 크게 보려고 하자. 사실 조직이 가치를 창출하는 방법은 고용을 제공하고 상품을 생산하는 것이지만, 조직이 창출하는 다른 형태의 가치, 즉 사회적·환경적 가치도 고려하라.

활동에 대한 영향력이 지역 사회에 반영된 좋은 결과물—가족의 결속력, 건강한 아이들, 더 오래 지속 가능한 공동체—은 미션과 목표에 연관된 일의 결과물이다.

'Haween'은 여자를 뜻하는 소말리아어에서 유래했다. 이 사업은 자매 조직을 통해 훈련 프로그램과 사회적 지원에 참여한 사람들을 고용한다. Haween은 결코 엄격한 사업이 아니다. 그리고 사람과 기술을 어떻게 다루는지에 대해 독특한 집단 문화 태도를 보여준다.

"사회적기업을 시작하고자 하는 사람은 사업을 시작하고 싶은 분야에 계신 분들과 상담해야 한다. 그리고 그 분야에 대해 면밀히 연구하고 이해해야 한다."
—Haween 대표

잠재 고객의 요구 평가

기존 고객을 이해하는 것은 아주 강력한 아이디어 개발을 향한 가장 중요한 단계이다. 브레인스토밍을 시작하기 전에 기존 고객 및 잠재 고객과 이야기를 나누어라. 그들의 관점에서 보고 이해하려고 하라. 단순히 당신의 요구에 맞는 사업을 설계하기보다 고객의 요구를 충족시키기 위한 사업 설계에 초점을 맞추어라.

2. 아이디어 창출

이 단계에서는 미션과 목표 및 목적을 달성하기 위해 준비 단계에서 수집한 정보와 영감을 특정 기업 아이디어로 변환하는 데 도움이 될 것이다.

아이디어 창출은 브레인스토밍 과정으로 시작한다. 브레인스토밍은 대안적인 아이디어를 창출하거나, 특정 주제의 해결책을 제시하는 개인적 또는 집단적 과정이다. 좋은 브레인스토밍은 양적인 측면과 아이디어의 창의성에 초점을 맞춘다. 아이디어의 양을 늘리는 것이 질적인 부분에 집중하는 것보다 중요하다. 아이디어가 창출된 후에는 다음의 연구와 고려 사항을 통해 묶이고 평가되며 우선순위가 매겨진다.

- 위원회, 직원, 잠재 고객을 포함한 이해 관계자 그룹을 모아라.
- 준비 단계의 결과를 검토하고 모두가 브레인스토밍 활동의 주제를 이해하게 하라. 가능한 한 바람직한 사회적·재정적 결과와 관련된 많은 기업 아이디어를 수집하라. 아래에는 아이디어를 활성화시켜 줄 질문이 있다.

  ≫ 조직의 장점은 무엇인가?

≫ 당신이 제공하는 서비스로 누가 혜택을 받는가? 또는 받을 수 있는가?

≫ 조직은 어떻게 오늘날의 가치를 창출했는가?

≫ 시장에서 무슨 일이 일어나고 있는가?

≫ 경쟁자는 무엇을 하고 있는가?

≫ 기존 고객과 잠재 고객의 가장 큰 요구 사항은 무엇인가?

NICS School of Decorative Painting
NICS는 현재 토론토에 기반을 둔 Niagara International Children's Society에 의해 운영되는 사회적기업이다.

그들은 어떻게 시작했는가?

Le Bucafin : 우리는 이웃들에게 설문조사를 실시함으로써 지역 사회 서비스에 대한 요구가 있다는 것을 알았다. 공동체 사람들은 세 가지 서비스—이웃과의 만남 장소, 인터넷 접속 장소, 안전한 빨래방—가 필요하다는 것을 알았다.

그래서 우리는 세 사업을 하나로 만들었고, 그 결정은 전적으로 이웃 사람들의 요구에 맞췄다.

당신은 지지자의 요구에 응해야 한다. 새로운 요구를 만드는 것이 아니라 그 공동체의 요구에 초점을 맞춰야 한다. 우리는 저소득층에 맞는 계획이 필요했다. 따라서 저소득자가 쉽게 참여할 수 있는 기업의 형태를 찾아야 했다.

Many Nations : 변화를 이끌고 원주민의 미래를 보호하기 위한 큰 열정이 Many Nations Benefit Co-operative를 시작하게 된 원동력이다. 이 조직은 원주민 공동체의 요구에 맞추기 위한 회원 운용 재정 서비스 조직이다. Many Nations는 헌신적인 지도력과 강력한 비전의 결과로 만들어졌다.

비전은 20년 전 서스캐처원의 어니언호(Onion Lake)에서 First Nation이 교육 체계를 직접적으로 통제함으로써 민족 자결권을 주장할 때 시작되었다. 그 당시 어니언호의 교육 국장이었던 Joe Carter는 "연금을 포함하여 능력 있고 문화적으로 고유한 집단 이익이 있는 원주민 조직과 그들의 직원을 도와줄 방법이 있어야 한다."고 했다.

해결책은 First Nations 직원의 요구를 해결할 연금 계획을 만드는 것이었다. 이것은 혁신적인 아이디어였으며 바로 채택되었다. 지도자와 사업 전문가들의 노력으로 Many Nations Benefit Co-operative가 탄생했다. Joe Carter는 초대 위원장이 되었고 계속해서 그 역할에 적극적으로 참여하고 있다.

Live Local Alberta : Good Food Box는 수입이 적은 에드먼턴 지역 사람들의 식품 안정성 요구를 충족하기 위한 토론에서 비롯되었다. 이 사회적기업은 '현재 지역의 공급자와 지역 생산품 구매를 원하는 이에게 각 기관을 이어주는 온라인 구매 포탈을 만듦으로써, 지역에서 생산된 식품의 성장과 유통을 용이하게 해 준다.' 교훈은 무엇인가? 발달 과정은 직선이 아니라 나선형에 가깝다는 것이다. 이를 지속한다면 이전의 아이디어를 구축하고 연구하며 전에는 꿈꾸지 못했던 개념을 실현할 수 있을 것이다. 그리고 장기적인 관점에서 성공할 가능성이 더욱 높다.

NICS School of Decorative Painting : NICS는 사회 복지 대상자와 공공 주택 임대인들을 훈련하기 위한 계약이 체결된 몇 년간, 장식 미술을 전공하는 이들에게 전문 교육을 제공했다. 이들의 개인적인 환경(편모가정이 많다)으로 인해 회사에서 원하는 오전 7시부터 오후 7시까지 교대 근무가 불가능하여 졸업 후에 일자리를 얻는 것이 어려웠다. 그래서 NICS는 유연한 교대 근무를 제공하는 사회적기업 활동을 시작했고, 미술 작품 계약으로 20만 달러 이상의 가치를 창출했으며, 50여 명이 훈련을 받았고 그 중 1/3이 일자리를 찾는 등 2009년 화려하게 출발했다.

사업 아이디어의 원천

사업 아이디어를 찾기 위해 브레인스토밍을 하거나 연구를 할 때 이 목록이 도움이 될 것이다. 대부분의 조직은 각 범주의 가능성에 대해 고려할 수 있을 것이다.

- **미션과 목표를 직접적으로 충족하는 기존의 제품과 서비스**
  벌어들인 수익은 주로 핵심 작업으로 창출된 가치에서 직접 발생될 수 있다.
- **새로운 지역에 제공하는 기존의 제품과 서비스**
  조직이 직접 가치를 제공하든지 다른 조직에 허가를 받고 가치를 제공하든지 간에 새로운 지역에도 도움이 될 수 있다.

- **새로운 고객에게 제공하는 기존의 제품과 서비스**

  당신이 제공하는 것은 다른 고객에게도 가치가 있다. 성공한 많은 사업은 (예 : 기업의 상담 프로그램) 비용을 지불하는 고객에게 사회 서비스를 제공함으로써 개발되었다.

- **인적 자원에 영향을 주는 새로운 제품 또는 서비스**

  직원은 새로운 것을 창조할 어떤 기술이 있는가?

- **고객에게 영향을 미치는 새로운 제품 또는 서비스**

  고객, 소비자 모임은 가치가 있다. 당신은 고객들과 접촉해야 한다. 고객들은 당신이나 파트너에게 무엇을 원하는가?

- **부동산과 유형 자산(hard asset)을 활용하는 새로운 제품과 서비스**

  잉여 능력과 인프라는 사업이 될 수 있다.

- **지적 재산과 무형 자산(soft asset)에 영향을 주는 새로운 제품과 서비스**

  고객에게 서비스를 제공하는 방법을 개발하는 데에 자금을 사용해 왔다면, 다른 비영리 조직이나 회사들은 컨설팅 서비스나 라이선스를 통해서 당신의 지식을 구입할 의향이 있을 수 있다.

- **새로운 지역 및 고객에게 제공하는 기존 제품과 서비스**

  새로운 제품/서비스를 제공하고 새로운 고객 기반 기업을 성장시키는 것은 새로운 활동이 포함된 잠재적인 위험이 배가 되기 때문에 권장하지는 않는다. 위험을 줄이기 위해 새로운 고객에게 알려진 제품을 제공하거나, 상호 이해와 관심을 가진 고객들에게 새로운 제품이나 서비스를 제공해야 한다.

비관련 사업

진행하고 있는 사업과 관련이 없는 사업을 선택하는 것은 좋지 않다. 그 분야와의 친숙도 부족뿐만 아니라 잠재적인 법·세무 문제가 있기 때문이다.

한편으론 스스로 훌륭한 아이디어를 낼 수도 있다. 새로운 아이디어를 사업으로 이끌고 싶을 때에는 위험을 줄이기 위해 지식 파트너와 함께하는 것을 고려하라.

3. 아이디어 거르기

브레인스토밍 과정의 결과로, 현실적으로 세부적인 분석을 하는 것보다 더 많은 사업 아이디어를 얻었을 것이다. 끝내 무산될 아이디어에 대해 연구하고 사업 계획을 수립하는 것은 쓸모없는 에너지를 소모하는 것이다. 일반적으로 이 단계에서는 심도 있는 탐구를 위해 아이디어의 수를 줄이게 된다. 처음에는 브레인스토밍의 모든 아이디어를 살펴보고 더 많은 검토를 통해 약 5개까지 숫자를 줄여야 한다. 나중에 이 다섯 가지는 두 가지까지 줄이는 것이 좋다. 여기에서는 검토와 선별 과정으로 어떻게 접근할 수 있는지 설명한다.

아이디어 수를 줄이기 위한 한 가지 방법은 아이디어의 시장 잠재성과 성공 가능성을 평가하는 것이다. 이를 위해 두 가지 측면에서 생각하는 것이 유용하다.

- **아이디어의 강도** : 해당 개념은 시장 잠재성과 비즈니스 모델이 있는가? 수익과 서비스 제공을 강화함으로써 미션과 목표에 다가가는가?
- **조직과의 적합성** : 조직은 현재 시장에서 이 아이디어를 성공적으로 수행할 수 있는가?

이러한 두 가지 측면에서 생각하면 아래와 같이 사업 아이디어를 도표화할 수 있다.

우측 상단에 있는 사업 아이디어는 높은 성공 가능성을 보장한다. 만약 아이디어가 좌측 하단에서 끝난다면 실행해서는 안 된다.

초기 잠재성을 평가하기 위한 점수표 사용하기

강도와 적합성을 판단하기 위해 간단한 점수표를 선발 기준으로 사용하라. 단순히 당신과 동료가 보여주는 최선의 판단을 사용해서 아래에 나타난 기준과 대비하여 아이디어를 채점할 수 있다.

아이디어의 강도	조직과의 적합성
점수 : 0=아니다 1=조금 그렇다 2=그렇다 3=매우 그렇다	
1. 기업이 강력한 재정적 영향력을 행사하는가? 0 1 2 3	11. 그 아이디어에 열정적인 사람이 있는가? 0 1 2 3
2. 기업이 강력한 사회적 영향력을 행사하는가? 0 1 2 3	12. 제품이 조직의 가치, 미션, 문화와 맞는가? 0 1 2 3
3. 제품을 정확하게 규정할 수 있는가? 그 아이디어가 얼마나 개발되었나?	13. 기업이 조직의 특별한 장점을 이용하는가? 0 1 2 3
4. 제품이 심각한 고객 불만을 일으키지는 않는가? 고객이 기꺼이 지불하려고 하는가? 0 1 2 3	14. 기업이 조직에 과도한 부담감을 제공하는가? 0 1 2 3
5. 조직이 경쟁적인 이점이 있는가? 0 1 2 3	15. 이 사업을 경영할 기술이 있는가? 0 1 2 3
6. 제품의 수익 가능성이 있는가? 0 1 2 3	16. 기술 격차를 현재의 작업 조건과 임금으로 채우기 용이한가? 0 1 2 3
7. 투자/착수 비용이 얼마나 필요한가? 초기 투자의 회수 기간은 얼마인가? 0 1 2 3	17. 이 산업에서 성공에 필요한 핵심 기술이 무엇인가? 그 기술을 보유하고 있는가? 0 1 2 3
8. 다른 목표 고객과 관계가 있는가? 0 1 2 3	18. 전통적 기업 모델을 사회적 기준에 맞추기 위해 변형해야 하는가? 이것이 사업 성공에 어떠한 영향을 주는가? 0 1 2 3
9. 시장에 진입하는 것이 얼마나 어려운가? 0 1 2 3	19. 아이디어에 얼마의 위험이 있는가? 0 1 2 3
10. 시장은 얼마나 큰가? 계속 성장하고 있는가? 0 1 2 3	20. 그 위험은 다루기 쉬운가? 0 1 2 3
아이디어의 강도 점수	**조직과의 적합성 점수**

차트에 명시된 대로 1~10번 질문까지 점수를 합산하라. 이것이 아이디어의 강도 점수이다. 그리고 11~20번 질문까지 점수를 합산하라. 이것이 조직과의 적합성 점수이다.

- 아이디어의 강도 점수와 조직과의 적합성 점수 모두 25점 이상은 강력한 아이디어를 가졌음을 의미한다. 아이디어를 평가하는 다음 단계로 넘어갈 자격이 있다.
- 만약 아이디어의 강도 점수는 높지만 조직과의 적합성 점수가 낮다면 전반적으로는 괜찮은 개념이지만 필요한 자원과 지지를 얻는 것이 어려울 것이다. 다른 것을 먼저 고려하라. 아니면 조직의 장애를 해결하는 데 도움을 얻어라.
- 만약 조직과의 적합성 점수는 높지만 아이디어의 강도 점수가 낮다면 이것은 건전한 사회적기업이 아닐 것이다. 그럼에도 불구하고 당신은 아이디어가 자선 프로그램으로 충분한 가치가 있는지 알아보고 싶을 것이다. 하지만 사업을 할 만큼 자금이 충분하다고 생각하지 않는다면 더 이상은 진행하지 말아야 한다.
- 아이디어의 강도 점수와 조직과의 적합성 점수 모두 25점 이하라면 다시 백지 상태로 돌아가서 추가로 다른 아이디어를 생각해 보라.

4. 타당성 연구

아이디어 검토 및 심사 단계의 목적은 조직에 맞지 않고 사회적 영향이 적거나 중요하지 않은 아이디어를 제거하는 것이었다. 타당성 연구는 기업이 실제로 성공할 가능성을 가지고 있는지 여부를 결정하는 중요한 가정을 시험한다. 이 연구는 개념을 보완하고 시장의 반응을 시험할 기회이다. 잠재 고객 및 자금 제공자와 상담하기, 경쟁자 평가하기, 개념의 가치에 확신을 얻기 위해 표적 집단 또는 표적 조사와 같은 사전 시장 조사 등을 실시하라.

조직은 다양한 방법으로 타당성 연구를 한다. 연구를 수행할 자문 위원을 고용하기 위해 자금을 사용해야 하거나, 조직 내에 이미 수행할 수 있는 사람이 있을 것이다.

한 가지 아이디어(일반적으로 평가 점수표에서 가장 높은 점수를 얻은 아이디어) 또는 두 가지 이상의 아이디어에 대해 타당성 연구를 할 수 있다. 그것은 자원에 달려 있다. 한 타당성 연구에 3~6명의 풀타임 노동력이 필요하다.

타당성 연구 개발을 위한 예시 기준

타당성 분석은 그 조직이 기업의 업무를 하는지 이해하는 데 초점을 둔다. 아래의 사항은 네 가지 주요 기준을 포함한다.

☑ **전략적 제휴 – 기업이 미션과 목표를 조성할 것인가?**
☑ **시장 기회 – 소비자가 제품을 구매할 것인가?**
☑ **가동 능력 – 그 일이 일어나게 할 수 있는가?**
☑ **재정적 잠재력 – 수익성 목표를 달성할 수 있는가?**

아래의 개략적으로 나온 질문을 사용하여 네 가지 기준을 세부 검토에 사용할 수 있다. 모든 질문에 상세하게 대답할 필요는 없지만, 조사 연구가 어렵다든가 아이디어에 대한 흥미가 떨어졌다는 이유로 대답을 회피하지 마라. 각각의 답에 구체적인 증거를 제공하려고 노력하라.

전략적 제휴

- 이 제품이 조직에 얼마나 적합한가?
- 조직의 가치, 비전, 미션, 장점, 기술, 자원과 적합한가?
- 홍보 및 생산, 공급이 얼마나 어려운가?
- 기업이 전진하는 데 어떤 조직 구조가 가장 적합한가?
- 임원회와 직원에게 가장 필요한 기술은 무엇인가?
- 누가 기업을 경영할 것인가?

시장 기회

- 고객은 누구인가? 고객의 인구 통계학적 특징은 무엇인가?
- 고객은 무엇을 구매하는가(제품 또는 서비스, 핵심 요소)?
- 고객의 요구는 무엇인가?
- 고객은 언제, 어디서, 어떻게 구입하는가?
- 어떤 고객과 시장을 대상으로 하는가?
- 시장 규모는 얼마나 큰가(얼마나 많은 잠재적 고객이 있는가)?
- 고객 구매는 얼마나 자주 이루어지는가? 구매하는가? 평균 구매 가치는 얼마인가?
- 성숙한 시장인가, 미성숙한 시장인가? 성장 잠재력이 있는가?
- 시장 동향은 어떤가?
- 시장이 제품을 지지하는가?
- 제품은 어떤 틈새시장을 채울 것인가? 시장에서 어떻게 차별화할 것인가

(고객은 최종적으로 구매를 결정할 때 자선에 기초하지 않고 질, 가격, 경험에 기초함을 기억하라. 만약 제품과 서비스를 판매하기 위해 호의에 의존한다면 사업이 아니라 모금 행사를 계획하라)?

- 경쟁자는 누구인가? 경쟁자의 장점과 단점은 무엇인가?
- 제품과 서비스가 기존의 것과 다른 점은 무엇인가(가격, 질, 서비스)?
- 경쟁적인 장점은 무엇인가?
- 가까운 미래의 경쟁자는 누구일까?
- 시장에서 또 다른 업체를 위한 공간이 있는가?

가동 능력

- 제품을 생산하고 조달하는 데 얼마나 걸리나?
- 어떤 공급원을 사용할 것인가? 비용은 얼마나 청구되는가?
- 이것을 어떻게 실제로 일어나게 할 것인가?
- 성공을 촉진하기 위해서 무엇이 바뀌어야 하는가?
- 신규 시설이 필요한가?
- 어떤 추가 경영진/직원이 필요한가? 비용은 얼마인가? 훈련할 필요가 있는가?
- 당신의 존재를 시장에 어떻게 알릴 것인가?
- 배분 계획은 무엇인가?
- 외부 협력자는 누가 있는가?
- 어떤 제품 테스트가 필요한가?
- 향후 핵심 단계는 무엇인가? 일반적인 전환 단계? 타이밍?
- 무엇이 잘못될 수 있는가?
- 부정적 영향력에는 무엇이 있는가?
- 부정적 영향을 막기 위해 무엇을 할 수 있는가?
- 손익 분기점은 어디인가?

재정적 잠재력

- 기술, 직원, 자원, 장비, 마케팅, 계획을 포함한 잠재적인 초기 비용은 얼마인가?
- 운용비는 얼마가 될 것인가?
- 대략 얼마의 비용 청구가 예상되는가? 그 비용은 어떻게 결정되는가?
- 판매의 잠재적인 이익은 얼마로 예상되는가?
- 계절적 수요 또는 높은 초기 비용을 포함하여 현금 흐름을 예측할 수 있는가?
- 영업 자본이 얼마나 필요한가?
- 초기 몇 년간의 판매 추정은 무엇으로 하는가? 수량? 성장?
- 기업이 파산하는 데 얼마나 걸리나?
- 이윤을 창출할 실마리는 무엇인가? 어느 정도 수준에서 기업이 운영될 수 있는가?
- 다양한 발전 단계를 위한 재정적 · 인적 지원이 있는가?

정보의 원천

타당성 연구 조사의 모든 질문에 대한 만족스러운 대답을 위해 정보를 사용해야 한다. 가능성 있는 정보 원천은 다음과 같다.

- 잠재 고객, 사회적기업 운영가, 공급자, 현 직원과 고객, 업계 단체 또는 자금 제공자와의 인터뷰
- 사업 작동 방법, 핵심 성공 요인, 잠재적 위험, 직원의 요구와 비용 동인을 이해하기 위한 유사 기업 방문
- 산업 잡지, 보고서와 사업 안내서

- 경쟁적인 사업, 가격, 가치 제안을 결정할 인터넷 조사
- 장소 방문. 사업이 현재 장소에 위치할지 또는 다른 공간이 필요한지 고려하라. 만약 사업이 소매 지향적이라면 주위의 이웃을 둘러보아라. 이는 잠재 고객에 대한 감각과 구매 패턴 감각을 제공해 줄 것이다. 어떤 경쟁자가 주위에 있는가? 그들은 올바르게 하고 있는가? 아닌가?
- 목표 시장과 관계가 있는 경우, 고객과 가장 자주 접촉하는 직원의 불만 기록, 서비스 요청, 피드백은 값진 정보의 바다와 같을 것이다.
- 회계사, 변호사, 금융 기관 대표 또는 사업 자문 위원
- 소규모 사업 자문 센터

타당한가? 개발 여부 결정하기

타당성 연구를 준비했다면 아이디어 개발 여부에 대해 중요한 결정을 해야 한다. 설령 아이디어의 가능성에 매우 들떠 있더라도 적절히 떠나 버릴 수 있는 준비를 해야 한다. 아래를 마음속에 새겨라.

Blue Lake Forest Education Society(BLFES)는 경험적 학습 프로그램을 통해서 아이들과 청소년에게 교육 기회를 제공하는 것에 주목하는 비영리 자선 단체이다.

- 매우 초기 단계에서 이 아이디어를 추구하는 것은 직원과 재정 자원의 엄청난 추가 투자가 필요하다.
- 사업 아이디어를 개발하는 것은 넓은 지지층이 필요하다. 기존 고객과 새로운 고객 및 자금 제공자, 가능성 있는 투자자 모두에게 좋은 평판을 얻어야 한다.
- 아이디어를 현실화하는 것은 많은 이들을 납득시켜야 한다. 미션과 목표에 진실성을 가지고 신뢰할 만한 사업 사례를 세워라.

직원과 위원회가 사업 아이디어를 계속 개발하기로 결정했다면, 그 과정

에서 빠져나올 수 있는 상황을 반드시 생각해 놓아야 한다. 사업 계획 진행 중에 더 이상 진척시킬 수 없는 예상치 못한 상황이 언제든지 생길 수 있기 때문이다. 예를 들어 재료비가 급등하거나 재정 상태가 좋은 경쟁 기업이 동일한 제품이나 서비스를 더 저렴한 가격에 제공하기 시작할 수 있다. 게다가 공공정책이 사회적기업의 성패를 좌지우지할 수 있다. 만약 제정법이나 자금 프로그램이 바뀐다면, 사업을 제대로 시작하기도 전에 수익을 내는 것이 불가능할 수도 있다.

사업 실행 단계를 계획할 때, 찬반 결정은 더욱 명확해질 것이다. 예를 들어 많은 자금이 필요하다면, 계획 그룹은 자금을 조달하기 위한 제한 기간을 설정해야 할 것이며, 그 기간이 지나면 그룹은 진척을 평가하고 자금 조달을 위한 노력의 득/실을 고려해야 할 것이다.

'찬반' 결정에서 고려해야 할 다른 시기들은 아래와 같다.

- 설비 설계 시작 전
- 건설 시작 전
- 공급자 또는 파트너 확정 전
- 주식이나 장비 구입 전
- 직원 고용 전

대신에 제품의 소량 생산이나 시간 제한 서비스를 제공함으로써 시범 사업을 실시해 볼 수 있다. 계속하는 것이 이익인지(심지어 수익성이 있는지) 확인하기 위해 이러한 시범 사업을 면밀하게 평가하고 싶을 것이다.

탄탄해 보이는 사업 아이디어에서 벗어나는 것은 어려운 결정이다. 하지만 이렇게 하는 것이 결국에는 시간과 에너지를 다른 방향으로 적용할 수 있게 한다. 그리고 초기 아이디어 실행으로부터 배운 교훈으로 이익을 얻는다. 초기 아이디어를 버리고 또 다른 아이디어를 고려하도록 준비해야 한다.

당신과 조직의 의사 결정자들이 사업 아이디어를 진행하려고 결정한 경우, 타당성 연구의 요약본을 만들어야 한다. 이것은 잠재 고객, 시장, 투자자와 미리 이야기를 나눌 수 있게 해 준다. 사업 정보 핵심 요약이라고 불리는 문서는 다음 부문에서 설명한다. 이것은 전체 사업 계획(제5장에서 논의)의 출발점 역할을 하는 동시에 상황을 미리 살피는 데 도움이 될 것이다.

5. 사업 계획 요약

사업 정보 핵심 요약의 목적은 아이디어에 대한 관심을 빠르게 촉진하는 것이다. 이는 소개서일 뿐이며, 모든 것을 망라하지는 않지만 주목할 필요가 있다. 당신의 목표는 당신이 하고자 하는 고유한 가치를 상대방이 확실히 파악하도록 돕는 것이다. 좋은 경영 사례는 당신이 어떻게 다르며 왜 성공하게 될지를 보여 준다. 이것은 판매 과정의 한 단계이다.

이 문서는 잠재적 투자자에게 판촉하기 위해 사용할 수 있다. 여기에는 시간과 에너지를 투자하는 위원회의 구성원, 사업 계획 개발이나 실험 연구를 실행하는 데 자금을 투자하는 벤처 자선가와 금융 기관을 포함한다. 이는 사업 타당성에 대한 유용한 검사이다(이러한 형태의 아이디어가 주목받지 못한다면 전혀 탄탄한 아이디어가 아니다).

아래를 참고하여 경영 사례를 2쪽 이내로 간략히 제시하라.

- 문제 : 제시한 문제를 간단히 나타내라.
- 해결책(프로그램 또는 사업 아이디어) : 다른 누구보다 이 문제를 더 잘 해결할 수 있는 이유에 대하여 이목을 끄는 간단한 설명, 잠재적인 사업 모델, 전략, 경쟁 우위의 근거, 그 일을 하는 사람, 지속 가능성/수익성 그리고 출구 전략을 포함한다.
- '요구' : 자금 제공자/투자자의 관점에서 구체적으로 원하는 것을 분명히 하라(파트너십이 요구하는 재정적 도움과 전문 지식이나 다른 자원).
- 사회적 투자 수익률 : 투자를 통해서 사회가 받을 수 있는 혜택에 대해 설명하라. 가능하면 수치화하라.
- 재무적 투자 수익률 : 벤처 캐피탈/재정 투자자를 위하여 재무적 투자 수익률을 제시하라.

- 조직 : 자금 제공자/투자자와 파트너로서 조직의 역할, 효율성, 바람직한 상황에 대해 서술하라(조직의 재정적 실행 가능성/현금 흐름, 경영 능력, 성공의 관점에서 기부와 보조금과 같은 자금에 대해 말한다).

투자자가 아이디어를 평가하기 위해 사용하는 평가 기준

다음은 관심 있는 투자자가 아이디어 평가에 사용하는 기준의 일부이다. 항상 이 관점에서 아이디어를 구상하기 바란다. 투자자는 언제나 이 평가 기준을 사용한다. 이 기준에 완전히 적합한 아이디어는 성공적이라는 좋은 지표이다(뿐만 아니라 자금을 얻을 수 있다). 물론 이 모든 것들은 우량 사업에 대한 평가 기준과 같다.

재무적 평가 기준	사회적 평가 기준
좋은 사업 아이디어 좋은 사업 아이디어인가? 생산되는 상품과 서비스에 대해 중요한 고객층이 있는가? 이윤 창출을 위해 충분한 이윤을 남기고 제품을 팔았는가? 경쟁 우위가 있는가?	**좋은 서비스 아이디어** 지역 사회에 정말 필요한 제품과 서비스인가? 사람들의 생활에 현저한 개선이 이루어졌는가? 적당한 비용으로 제공할 수 있는가? 문제 해결을 위한 접근이 경쟁 우위가 있는가?
옳은 전략 사업 성공, 투자 금융 수익 달성을 위한 좋은 전략이 있는가? 이 전략에서 사업 계획상의 재정적 가정이 믿을만하며 이상적인 출구 전략을 포함하는가?	**옳은 전략** 주요한 사회적 영향력을 달성할 수 있는 좋은 전략이 있는가? 지속 가능한 전략을 구현할 수 있는 좋은 사업 계획을 개발했는가?
운용할 사람 아이디어를 성공적으로 만들 사람들이 사업체에 있는가?	**운용할 사람** 조직을 경영하고 있는 사람들이 아이디어를 성공적으로 만들 능력이 있는가?

결론

이제 기업에 도사리고 있는 위험에 대해 명확하게 파악하고, 잠재적인 혜택을 제시할 문서를 만들었을 뿐 아니라 아이디어를 수행할 준비가 되었다. 사업 정보 핵심 요약으로 기업의 아이디어에 관심을 불러일으킬 수 있을 것이다. 다음 단계는 본격적인 사업 계획의 개발이다. 이는 실제 제휴와 초기 자본과 운용 비용을 위한 산출과 그 일과 관련된 조직의 위험을 완화시키도록 도와준다. 제5장에서는 사업 계획 과정을 상세하게 살펴볼 것이다.

사업 계획

당신은 도전에 대한 예비 작업을 완벽하게 마치고 조직에 적합한 유망하고 흥미로운 사업을 선택하기 위한 체계적인 접근 방식을 제시했다. 또한 타당성 조사와 사업 정보 핵심 요약도 마쳤다.

따라서 이제는 세부적인 경영 계획 개발을 시작하게 되었다. 축하한다! 사업을 계획하는 여정은 장애물 없이 평탄하게 가는 것이 힘들 수도 있지만 유쾌하고 만족스러운 경험이 될 수 있을 것이다.

계획 구상 혹은 계획 구상의 초기 단계에 착수할 때, 모험을 위한 청사진을 만드는 데 필요한 시간과 자원을 모두 쏟아 꿈을 실현시킨 기업가들로부터 도움을 받아라.

영리 · 비영리 조직을 포함하는 모든 유형의 조직은 시작 단계부터 성숙, 성장까지 모든 발전 단계에서 사업 계획의 훈련 및 도전으로 혜택을 얻을 수 있지만 쉽지는 않을 것이다. 이는 몇 가지의 숫자와 그림으로 투자자를 설득하는 것과는 다르다. 하지만 이러한 노력은 사회적기업에 대한 생각을 현실로 바꾸는 데 도움을 줄 것이다.

사업 계획 : 강력하고 긍정적인 도구

과정에서 결과에 이르는 사업 계획은 신규 기업에게 아주 강력하고 긍정적인 도구를 제공한다. 사업 계획은 프로그램, 기능 혹은 자원으로 단순하게 예측할 수 없으며 오히려 다양한 요인에 대한 기대를 혼합하고 모험에 대한 미래의 기회를 제공하는 틀의 역할을 할 수 있다.

사업 계획을 작성해야 하는 데에는 다음과 같은 많은 이유가 있다.

- **위험 인식** : 당신의 이야기, 가정, 재정적인 예측을 통해서 다양한 위험의 잠재적인 영향을 측정하고 문서화할 수 있다.

- **결과물 측정** : 사업 계획은 결과물을 측정하기 위해 명시하고 조사하기 때문에 사업에 미치는 영향을 측정하는 것을 도와줄 뿐만 아니라, 필요에 기반한 투자 접근법보다 결과를 바탕으로 하는 투자 접근법으로써 비영리 단체와 투자자들의 최근 추세에도 적합할 것이다.
- **경영진 공개** : 사업 계획(과정과 문서 모두)은 사회적기업가의 미션과 목표를 달성하는 능력을 보여 준다.
- **동맹 관계 설립** : 동맹에 대한 문서화는 사회적 투자자가 점점 더 찾고 있는 것이고, 그들의 투자에 대해 최적의 사용을 보장하는 협력의 증거이다.
- **당신의 생각과 벤처 가능성 검증** : 사업 계획 모델은 당신이 주의 깊게 점검한 시장 생존력과 재무 안정성 같은 것을 확실하게 해 준다.
- **경영의 뼈대 제공** : 좋은 사업 계획은 기업의 성취를 이끄는 로드맵을 제공할 것이다. 일상적인 운영과 지속적인 전략 기획, 성취 평가, 마케팅/의사소통, 재무 관리, 인적 자원 관리 등에 대한 귀중한 도구가 될 수 있다.
- **투자자 유치** : 잠재적 투자자가 지도자, 지분 구매자 또는 양도인이건 간에, 이들은 점점 더 사회적기업이 추구하는 자원 사용에 대해 신중하게 계획하고 그에 따른 근거를 찾고 있다.

고품질 사업 계획

좋은 소식은 사업 계획이 서사적인 보고서가 될 필요가 없다는 점이다. 때때로 주요 회사들의 사업 계획 문서가 수백 쪽이나 되는 것은 사실이지만, 작은 기업에서는 그 정도의 분량은 필요하지 않다. 사실 간결하고 실용적인 형태와 형식으로 쓰는 것이 성공에 도움을 줄 가능성이 더 크다. 어떤 투자자도 이렇게 말하는 것을 듣고 싶지는 않을 것이다. "당신께 100쪽짜리 계획서로 부담을 드려 죄송하지만 저는 단지 25쪽으로 줄일 시간이 없었을 뿐입니다."

몇몇 사람들은 사업 계획을 등장인물이 등장하는 이야기, 줄거리, 주제로 생각하는 것을 좋아한다. 당신은 당신 기업에 대한 이야기를 하고 있다. 읽는 사람이 처음부터 끝까지 당신을 따라오고 참여하도록, 그리고 그들이 투자하거나 동업자가 되는 행복한 결말을 위해 노력해야 한다. 하지만 균형이 중요하다. 서술과 수치, 탄탄한 글과 시각적으로 뛰어난 그래프, 도표 사이에서 올바른 균형을 찾아야 한다. 그리고 비현실적이지 않으면서 동시에 낙관적인 어조가 필요하다. 한 예로, 계획은 자신뿐 아니라 이해 관계자에게 영감을 줘야 한다. 이것 역시 당신과 관리팀의 역할이다.

하나의 사업 계획은 하나의 로드맵과 같다. 모든 사회적기업가가 직면해야 하는 우회로, 톨게이트 그리고 교통 체증을 무시할 수 있는 이상적인 로드맵의 요소를 가지고 있는지 자신에게 물어라. 사업 계획이 비영리 부문에서 조직의 발전과 변화에 대한 선행 작업을 구성하거나 보충할 수 있는지 확실히 하라. 만약 계획이 지난 결과에서 상당히 벗어났다면 낙관적 측면에 너무 치우쳐 있을 가능성이 크다.

계획은 이해 관계자에게 당신과 당신의 기업이 어디로 가고 있는지 그리고 그곳에 어떻게 갈지를 말해 준다. 구체적인 사업 계획을 가지고 있다면, 당신과 관리팀은 벤처가 방향을 벗어나지 않도록 도와줘야 하며 시장 상황, 운영 그리고 가정이 반영되는 것을 정기적으로 확인해야 한다. 동시에, 이 같은 조건은 시간이 지남에 따라 변화될 것이기 때문에 계획은 절대로 마지막 문서가 아닌 주기적인 재사고를 요구한다. 가장 최고의 사업 계획은 빠르게 헤지고 포스트잇 메모로 덮어 버린다. 당신의 서재 제일 위에 깨끗하게 놓여 있던 계획이 제일 먼저 먼지가 쌓이는 것 또한 조심하라.

"성공적인 경영 여부뿐만 아니라 경영 조언자를 참여시켜서 사업 계획을 되돌아보는 것도 매우 중요하다. 이는 지도력 조직과 협회, 그리고 직원, 자원자들에게 우리가 시간을 내지 못했던 방법들의 축적을 고려할 기회를 제공한다."
– Howe Sound Women's Centre Society

하지만 이는 계획을 계속적으로 재확인하고 수정하는 좋은 측면이 있다. 이 과정은 비판적 사고, 분석적 평가 그리고 결정-작성 기술을 연마하는 데 도움이 된다.

계획을 위한 계획

지금 당장 컴퓨터를 켜고 상을 탈 만한 사업 계획을 쓰고 싶은 욕망을 이겨 내기 위해, "계획을 실패하는 것은 실패하기 위해 계획하는 것이다."라고 말한 유명한 교육자인 Effie Jones의 조언을 되새겨 보라. 계획을 설계하는 것은 전체 과정 중 가장 중요한 단계일 것이다.

사람들과 이야기를 나누기 위해, 조언을 구하기 위해, 이전 단계에서 얻은 것을 반영하기 위해, 필요한 것을 선별하기 위해, 필요한 자원들을 평가하기 위해 시간을 내야 한다. 유사 계획을 개발하는 다른 조직의 대표자와 이야기를 나누어라. 신뢰를 바탕으로 계획을 공유할 수 있는지 물어라. 그들이 얻은 교훈에 대해 묻고, 차별화 요소가 무엇이었는지 물어라.

어디부터 시작해야 하는가

사회적기업 사업 계획은 이미 착수한 업무에 대한 자연스러운 성공이 전제 조건이다. 이미 제1~4장처럼 업무를 해 왔다면, 조직의 준비 및 개발, 시장 조사, 기회 선택과 타당성 조사에 대해 면밀히 생각하는 것이 얼마나 중요한지 알 것이다.

사업 계획을 개발할 준비가 되면, 작업 중인 기업의 아이디어는 몇 가지 테스트를 거쳐야 하며, 그 아이디어가 성취될 수 있고 재정적 또는 미션과 목표 관련 성과에서 중요한 이점이 있음을 보여 줘야 한다. 본질적으로, 이 아이디어는 명확한 계획을 세우고 그 계획을 현실로 만드는 데 필요한 모든 시간과 자원에 대해 가치가 있다는 것을 결정했다.

구체적으로 그 계획으로 성취하고자 하는 것이 무엇인지 자신에게 물어라.

명확한 비전과 사명서를 시작하고 이를 고수함으로써 미션과 목표가 표류하는 상황을 피해야 한다. 다음 사항을 재점검하라.

• 새로운 벤처가 현존하는 비영리 기업을 어떻게 보완할 것인지 명확하게 알고 있는가?
• 이 벤처의 사회적 영향으로 기대하는 것은 무엇인가? 사회적 미션과 목표 달성을 고려하여 성과를 관찰하고 평가할 수 있는가?
• 사회적 미션과 목표를 달성하는 데 이 기업은 얼마나 효과적으로 작용할 것인가?

반(反)직관적이고 심지어 패배주의자처럼 들릴지 모르지만, 벤처의 끝을 생각해 보는 것 또한 중요하다. 과정의 시작에서 끝을 계획하는 것은 더 큰 명쾌함, 목적, 전망과 함께 벤처와 그 모체가 되는 조직에 대한 관계를 조직화하는 데 도움을 줄 것이다. 벤처의 하락세에 대해 "만약 경영이 실패하면 어떡하나?"라는 질문으로 접근할 필요는 없다. 대신에 다른 조직(또는 경영)이 그 기업을 인수하거나 혹은 당신이 성공할 수 있는 방법에 대한 접근법을 모색하라. 기업을 매각하거나 다른 지역 사회의 성장을 위해 해당 사업을 동일한 방법으로 시도해 볼 수 있을 것이다.

사업 철수 계획하기

사업 계획을 개발하면서 아무런 상처 없이 살아갈 수는 없다는 것을 알게 될 것이다. 여기에는 조직, 직원, 파트너 및 모금 활동과 관련된 사항이 포함될 것이다. 결국, 실제로 경영에서 실패 상황에 닥쳤을 때, 명확하고 잘 계획된 철수 전략은 관계를 맺은 모든 사람의 신뢰를 유지하는 데 도움을 줄 것이다.

철수를 위한 촉매제, 철수를 위한 자원, 철수 시 발생할 수 있는 비용에 대한 업데이트는 철수 전략의 중요한 구성 요소이다.

촉매제 : 사업 종료 결정을 이끄는 사건을 말한다. 일정 기간 내 필요한 보조금이 받아들이기 어려운 수준으로 책정되거나 외상 매출금과 외상 매입금이 현격하게 차이 나거나 사회적 또는 환경적인 목표가 충족되지 않았다고 자각하는 것 등이다. 운영진의 결정이 이 같은 계기에 의견을 같이 하는지 확인하라.

자원 : 채권자에게 지불 완료, 고용 계약 체결 그리고 계약 취소에 대한 위약금 등과 같은 것들은 처리해야 한다. 자산 매각은 이러한 것들을 처리할 수 있는가? 아니면 철수 준비금이 배정되어야 하는가?

업데이트 : 사업 계획을 개발하고 그것을 구현하려 움직일 때, 기업 실패 시 쌓이게 될 예상 비용 목록이 있어야 한다. 매년 업데이트하는 세분화된 계획 속에 이 같은 비용을 포함시켜라.

누가 참여해야 하나

사업 계획을 발전시키기 위해서는 어떤 전문 기술과 정보가 필요한지 고려해야 한다. 조직에 몸담고 있는 사람들(직원, 자원 봉사자, 이사회)뿐 아니라 사업 개발 과정에 기여할 일부 필수적인 기술 및 시간을 보유하고 있는 광범위한 공동체(공급자, 고객, 유사 기관)를 생각하라.

많은 조직이 사업 개발 과정을 이끄는 데 도움을 줄 4~8명의 주요 인물들로 이루어진 외부 자문 위원회를 운영하고 있다.

만약 상임이사가 사업 계획을 발전시킬 의무를 모두 져야 하는 것이 아니라면 이 역할에 또 다른 직원을 임명하는 것이 더 효과적이며, 그 직원이 시간에 민감한 부담을 느끼지 않도록 해 주어야 한다. 질 높은 계획보다 더 중요한 것이 많다. 사업 계획 과정을 이끄는 사람의 대부분은 벤처의 시작에 핵심적인 역할을 할 것이며, 이 일을 누가 착수하게 할 것이고 책임 이동을 어떻게 다룰지 신중하게 생각해야 한다.

사업 계획을 개발하는 과정 중 어느 시점에서, 대부분의 조직은 전문가의 고용 여부를 결정할 것이다. 컨설턴트, 코치, 작가, 편집자 또는 회계사(또는 적절한 조합)를 고용할지에 대한 결정은 전문 서비스에 대한 사용자의 특정 요구와 예산에 따라 달라진다. 최상의 결과는 계획을 발전시킬 인적 자원을 고용하는 것에서부터 비롯된다는 사실을 명심하라.

대부분의 조직은 프로젝트의 모든 단계에 적극적으로 참여할 사업 계획 코치를 고용하는 것을 선호한다. 코치는 초기 단계에서 필요한 정보를 식별하는 데 도움을 주고 실제적인 업무 계획을 개발하며, 서류의 토대를 만드는데 도움을 준다. 후기 단계에서는 계획을 검토하고 변경 사항을 조언하며, 이를 이행하고 수행하는 데 지원도 할 것이다. 개입 단계 동안, 코치는 회사의 자원이자 조언가로 행동하면서 우수 직원을 훈련시킬 수 있다. 컨설턴트를 넘어 코치로서의 역할을 유지하는 것은 비용 절감, 내부 직원의 능력 향상,

벤처로의 전환 능력 배양, 최종 결과에 대한 더 큰 자율성 등의 이점이 있다.

재무제표 집계를 돕기 위해 외부 회계 전문가를 초빙하는 것이 중요하다. 회계 전문가는 벤처 초기의 비용, 자산과 부채 및 자금 흐름의 산출을 바탕으로 한 중요한 재무 정보의 제공을 위해 내부 회계 및 경리 직원이 필요할 것이다. 판매 책임자들이 재정상의 철두철미한 재검토를 할 수 있는 시간을 반드시 별도로 배정해야 한다. 사업 계획을 읽는 이들은 수치와 관련한 어려운 질문을 던질 것이며, 무엇을 근거로 했는지 궁금해 할 것이다. 대변인이 발표한 계획에 대해 기본적인 금융 지식을 증명하지 못하거나 제시된 구체적 수치를 확실히 알고 있지 못한다면 당신의 신뢰는 위협받을 수 있다.

기간과 비용

한 사회적기업의 사업 계획이 완성되는 데에는 3개월에서 1년 정도 걸릴 수 있다. 조직의 고유한 특성, 과정의 소요 시간과 소요 기간 및 자원을 얼마나 쓸 것인지에 대한 현실적인 고려 사항에 따라 달라진다.

- 계획 작성을 위해 필요한 정보의 핵심 부분을 식별하는 것부터 시작한다. 시장 조사 타당성 연구, 향후 경쟁을 재평가하거나 사회적 행동 모델을 다듬을 필요가 있다.
- 전문가가 포함된 자문팀을 구성하라. 그리고 해야 할 일의 실질적인 평가에 따라 타임 라인 구축을 시작하라.
- 업무 계획에서 명시된 비용에 따라 예산을 편성하라. 광범위하고 전문적인 개입을 위해 20,000달러까지 비용을 쓰는 것이 무리가 없겠는가?
- 내부 담당자가 프로젝트에 사용한 시간을 추적하라. 상위 조직에서부터 새로운 사회적기업까지 물품 기부라도 모두 되짚어 보라.

사회적기업 사업 계획

사회적기업은 매우 자연스러우면서 동시에 복잡한 사업이다. 이는 인프라 구축, 자금 모금, 고객의 요구에 부합하는 시장을 공급하고 새로운 시장의 요구를 식별할 수 있는 새로운 사업을 만들어 내는 것만큼 충분히 어렵다. 소셜 벤처는 다른 난제(재정 순익을 넘어서 사회를 위한 가치를 창조)뿐만 아니라 이 모든 것을 실행하는 것이 목표이다.

사업 계획은 한때 민간 부문의 독점적인 도구였다. 하지만 민간, 공공, 비영리 부문을 나누는 경계가 흐려지기 시작하면서 많은 비법인 단체가 영역을 확장하고 자신의 목표를 달성하기 위해 사업 계획을 사용하기 시작했다. 첨단 기술의 시작, 정부 부서 및 비영리 교육 시설의 사업 계획을 비교해 보면 이들 사이에 유사점을 찾을 수 있을 것이다. 당신은 제품과 서비스, 시장 기회, 경쟁자, 운영, 인적 자원과 각각에 대한 재정 계획안을 발견할 수 있을 것이다.

민간 기업과 마찬가지로, 성공적인 사회적기업은 비용 이상의 재정적인 자원을 생성해야 한다. 민간 기업이 투자 수익을 만드는 것에 몰두하고 있는 반면, 사회적기업은 반드시 사회적 영향과 혜택을 만들어야 한다. 그래서 사회적 · 재무적 목표의 균형을 맞추는 것은 비영리 사회적기업가의 주요 과제이다. 사업 계획을 읽는 이들은 벤처의 사회적 영향력을 확실히 나타내는 방법과 당신이 정한 목표가 무엇인지, 단지 재정적 측면에 국한된 것이 아닌 성공에 대한 평가 방법을 알고자 할 것이다.

이 같은 목표의 분류 시 SMART 접근법을 사용하라.

Specific 특정한	목표를 성취하는 데 필요한 인적 자원을 명확히 하라.
Measurable 측정 가능한	성공은 기준에 의해 측정될 수 있다.
Achievable 성취 가능한	목표에 도달하는 것이 분명히 가능하다는 것을 알고 있다.
Relevant 관련적인	목표는 당신이 하는 것과 직접적인 연관이 있다.
Timed 시간이 계획된	성취 및 의사 결정 지점에 대해 미리 합의된 시간표가 있다.

이것은 단지 사회적 영향력이 있는 이슈에 대한 총론이다. 다음 장은 사회적 영향력을 측정하는 데 사용되는 몇 가지 방법에 대해 자세한 내용을 제공할 것이다. 동시에 당신에게 가장 적합한 접근법을 결정할 수 있도록 단계별로 당신을 이끌어 줄 것이다.

계획 보강

사업 계획의 명확한 원형은 없지만(그리고 사회적 목적 사업 계획도 확실치 않다) 구성 요소에 필히 포함해야 할 기본적인 요소가 있다. 그리고 컨설턴트와 코치의 조언은 업무 형식, 세부 사항, 스타일, 사업 계획 요소, 뛰어난 핵심 요약 정보와 오류 없는 명확한 재무에 따라 달라질 것이다.

당신은 이미 사업 계획에 대한 참고 문헌을 하나 이상 살펴보았을 것이다. 저자가 추천한 다양한 접근법 중 유사점과 차이점을 참고해서 각 접근법의 반영 방식이나 조합을 통해 벤처에 대한 최상의 해답을 찾을 수 있을 것이다.

일단 당신과 자문팀이 계획의 구성 요소들과 전반적인 구조에 대해 동의했으면, 이전 것에서 각 부분을 어떻게 선택해서 결과를 예상할지 확인하게 될 것이다.

런던경영대학원에 의하면, 모든 소셜 벤처 사업 계획은 다음 열 가지 질문에 대답해야 한다.

1. 당신의 벤처는 지금 어디에 있는가?
2. 당신의 제품 또는 서비스는 무엇인가?
3. 당신의 시장은 무엇인가?
4. 당신은 어떻게 그 시장에 도달할 것인가?

5. 당신이 경쟁할 상대는 누구인가?
6. 제품 생산이나 서비스가 어떻게 제공되는가?
7. 참여하는 이들은 누구인가?
8. 당신의 재정 계획은 무엇이며, 얼마나 많은 돈이 필요한가?
9. 어떤 위험들이 있는가?
10. 투자에 대한 사회적 보상은 무엇이고, 그것은 어떻게 측정되는가?

이 질문들에 응답하기 위해 선택할 프레임워크가 무엇이든 간에, 그것은 다음의 주요 구성 요소나 부분들을 포함할 것이다.

I. 핵심 요약
II. 시장 기회
III. 비즈니스 모델
IV. 경영
V. 관리
VI. 사회적 성과
VII. 재무제표 및 재무 계획
VIII. 부록

위와 같은 구성 요소로 기업 아이디어를 실행하기 위한 실질적인 로드맵을 개발할 수 있다.

우리는 필요한 정보에 대한 생각을 촉진시키기 위해 기능을 설명하고, 위에 제시된 질문을 통해 각각의 부문을 나타내었다. 어떤 경우에는 특정 정보가 하나 이상의 부문에 나타날 수도 있을 것이다. 사고의 개발이 필요한 경우 되풀이하는 것도 괜찮다.

I. 핵심 요약

핵심 요약은 사업 계획의 전면에 나타나며 대개 마지막에도 쓰인다(성공적인 영역들을 통합하면서 나타나기 때문에 타당성 연구 측면에서 쓴 요약과는 다르며, 전체 계획을 완성시키기 전에 썼던 것과도 다를 것이다). 이는 핵심 벤처에 대한 일반적인 견해를 제공해야 하고 독자가 더 알고 싶게 해야 한다. 핵심 요약을 사업 계획의 나머지 부분과 분리시켜 단독으로 수행한다는 가정 아래 작성하라. 조직에서 질문의 답변과 기회 추구에 최선을 다할 수 있는 사람의 연락처(이름, 부서, 주소, 전화번호, 팩스 번호, 전자 우편)를 포함시키는 것은 매우 중요하다. 사업 계획의 본문은 25~30쪽 정도 되어야 하고 핵심 요약은 2쪽 이상이어서는 안 된다. 사업 계획의 모든 측면과 마찬가지로, 핵심 요약은 반복되지 않아야 하며 중요하지 않은 정보 없이 가능한 간결해야 한다.

아래에 나열된 것들은 핵심 요약 정보에서 요약해야 하는 전반적 사업 계획의 중요한 부분들이다.

E4C는 Edmonton City Centre Church Corporation으로 활동하는 자선 기관으로 1970년에 등록되었다. E4C는 노숙자를 위한 쉼터 제공, 식사 제공, 저렴한 주택, 교육 사업과 훈련을 포함한 다양한 사업을 제공한다.

위험에 처한 아이들의 생활 교육과 취업 기술 교육을 실시하며, 에드먼턴시 시청에 위치한 Bistro 회관의 E4C 아이들은 대중에게 좋은 음식과 뛰어난 서비스를 제공한다.

"Bistro 회관의 어린이들을 위해 매년 사업 계획을 세우고 있다. 이는 음식 산업에 대한 경기 순환이 매년 존재하기 때문에 매우 중요하다. 연간 목표를 달성하는지 정기적으로 살펴보는 것은 매우 중요하다. 사업 계획은 전략적인 문서이다."
Kourch Chan, COO E4C

- 사업 아이디어와 고객의 요구
- 시장 기회
- 경쟁 우위와 시장 위치
- 경영 팀의 장점
- 예상되는 사회적 영향
- 목표, 일정, 기준점
- 착수에 필요한 요소, 수입 성장 전망, 그리고 예상 손익 분기점을 포함하는 재정 관련 요약

핵심 요약은 잠재적 투자자나 파트너가 읽게 될 당신의 계획의 일부이자 최초의 것이며 유일한 것일지도 모른다는 점을 명심하라. 당신의 벤처에 대해 강력하고 간결하게 주장할 기회를 잃지 마라.

II. 시장 기회

여기에서 당신은 독자에게 제품이나 서비스에 대한 수요가 있다는 것을 확신시킬 것이다. 현재의 기회와 그것이 왜, 누구에게 필요한지를 서술함으로써 벤처의 근본적 이유에 대해 자세하게 설명할 것이다. 조직이 벤처 타당성을 결정하기 위해 실시한 모든 시장 조사는 조직의 데이터베이스와 기술적 참고 자료들로부터 포괄적인 정보를 연구하므로, 여기에 도움이 될 것이다.

특히 포함하고자 하는 중요 항목은 산업 환경, 시장 세부 사항, 고객 구분 그리고 경쟁이다. 이 영역을 시작하는 데 도움을 줄 다음의 주제들에 대해 생각하라.

산업 환경

어떤 기업을 시작하는 것은 산업이 어떻게 작동하는가에 대한 기본적인 이해가 필요하다. 이러한 이해는 보다 효과적인 전략 실행과 기업이 활동하면서 발생하는 위협 요소들을 관리하는 데 도움을 줄 것이다. 시장 위치를 포함한 몇 가지 고려 사항들은 다음과 같다.

- 기술적인 변화(예 : 증가하는 온라인 판매), 규제 환경, 노동 시장(예 : 노동 공급과 수요), 경제적 영향(예 : 계절과 조합), 산업에 영향을 줄 수 있는 지리적 · 환경적 사건과 추세, 산업이 성장하는가, 쇠퇴하는가?
- 공급자 의존도과 권력(공급자는 누구인가? 몇 명이나 있는가? 공급자를 쉽게 바꿀 수 있는가?)
- 구매자 권력(예 : 소수의 거물 고객들의 존재, 경쟁력 있는 대체재에 대한 고객 인식, 다른 생산자/서

비스로의 전환 비용, 고객은 스스로에게 서비스를 제공할 수 있으며, 경쟁은 기본적으로 원가를 기준으로 하지만 몇몇 경쟁자는 원가 이하 판매를 하거나 이익을 좇지 않는다)

- 진입 장벽(예 : 초기 비용에 대한 높은 투자, 실질적인 전문 지식의 필요성, 제한적인 규정, 기술 변화, 시장 침투, 새로운 공급을 시도하는 것에 대한 고객의 저항)
- 대체(많은 유사 제품의 존재, 낮은 가격의 대안 존재)
- 경쟁(예 : 제품이 차별화되지 못해서 산업 성장이 느릴 때에는 경쟁이 증가하며 많은 다양한 경쟁자들이 존재한다)

시장과 고객

일단 외부 환경과 기업에 영향을 미치는 산업 역동을 이해하고 나면, 기업이 목표로 삼는 특정 고객 집단(시장)으로 관심을 돌릴 수 있다.

비록 '누구나' 제품의 혜택을 받을 수 있지만, 극소수의 사회적기업만이 브랜드 인지도나 자원을 효과적으로 대중 시장에 이용한다. 일부 고객만을 표적 대상으로 마케팅하는 것은 사업 구축 시 기업이 최대의 결과를 달성하는 데 도움이 될 것이다.

표적 대상을 설정함으로써 표적 시장에서 매우 중요한 제품 특징과 혜택의 세부 사항을 쉽게 얻을 수 있다. 일단 목표 대상을 알게 되면 그들과 의사소통하고, 서비스를 가장 효과적으로 팔 수 있는 곳과 방법을 결정하며, 무료 서비스를 제공하는 다른 기업들과 제휴를 형성하는 게 더 쉬워진다. 게다가 표적 시장이 증가함에 따라 초기에 했던 마케팅 전략이 더 쉬워진다. 시장 위치 선정과 관련된 고려 사항들은 다음과 같다.

- 시장의 크기는 어떠한가?
- 시장은 성숙한가, 미성숙한가? 잠재적 성장 가능성이 있는가?
- 예측되는 시장 점유율은 얼마인가?

- 시장의 동향은 어떠한가(예 : 성장 또는 쇠퇴, 새로운 고객, 새로운 제품, 더욱 빈번한 구매, 가격 변화)?
- 목표 시장이 제품을 사용하거나 접근하는 데 자원이 필요할 것인가? 얼마나 많은 시간과 에너지를 투자할 것이며, 결과적으로 고객 충성도를 생성할 수 있는 가능성들은 무엇인가?
- 어디에 기회가 있고, 어떤 부분에 집중할 것인가? 어떤 지역인가?
- 입지 선정은 시장에서 앞서 나가는 능력에 어떤 영향을 미칠 것인가?
- 관련 고객의 신상 정보는 무엇인가(예 : 나이, 성, 사회 · 경제적 등급, 고용 상태)?
- 일반적인 고객의 성격 특성은 무엇인가(예 : 가치, 위험 정보, 지위의 중요성, 관심 분야, 구매 수준)?
- 고객의 관계 행동은 무엇인가(예 : 누가 구매 결정을 하고, 얼마나 자주 구매하고, 제품을 언제 그리고 왜 사용하고, 브랜드에 대해 신경을 쓰는지)?
- 고객이 제품을 구매하도록 가장 동기 부여하는 것은 무엇인가(예 : 가격, 편리함, 품질, 브랜드, 제품 특징, 경험, 신용 조건, 환불 정책, 권장 사항)?
- 고객은 당신의 제품과 유사한 제품에 관해 대개 어떻게 듣는가?

경쟁

모든 기업은 경쟁에 직면해 있다. 매우 유사한 제품을 제공하는 회사와의 직접적인 경쟁(예 : 출장 요리)일 수도 있고, 같은 수요를 충족하지만 다른 서비스를 제공하는 회사와의 간접적인 경쟁(예 : 레스토랑)일 수도 있다. 시장 내 경쟁의 지속적인 이해는 시장의 적소를 구별하고, 가격 전략을 개발하며, 제품을 홍보하는 데 유용하다.

경쟁 분석의 목적은 기업의 제품과 서비스가 경쟁자들과 어떻게 구별되는지 알아내고, 당신이 채워야 할 시장의 격차를 파악하며, 시장에서 경쟁 우위를 어떻게 점유할지에 대한 합리적인 설명을 제공하는 것이다.

경쟁을 어떻게 관리(시장에서 당신의 위치)하는가에 대한 몇 가지 고려 사항이 있다.

- 주요 경쟁자(직접적 및 간접적)는 누구인가? 그들의 강점과 약점(예 : 제품 품질, 서비스, 고객 만족도, 브랜드 인지도, 시장 점유율, 위치, 뛰어난 관리)은 무엇인가?
- 경쟁자의 목표 고객은 누구인가?
- 가격, 품질 그리고 서비스 항목을 다른 것과 어떻게 비교할 수 있는가?
- 가까운 미래에 누가 경쟁자가 될 것인가?
- 새로운 경쟁자의 진입 장벽은 무엇인가? 시간이 지남에 따라 변화가 있을 것인가?

시장 위치 요약

시장 분석에 대한 요약은 산업의 이해를 돕고 시장과 기업의 관계를 설명해 줄 것이다. 시장 위치 요약은 산업 운영을 위한 제품과 핵심 성공 요인에 대한 필요성을 강조한다. 실제 시장 여건을 감안할 때, 시장 위치 보고서는 기업이 가장 성공할 수 있는 틈새시장을 찾아 준다.

시장 조사

새로운 제품을 소개하려는 조직은 제품의 수요와 성공적으로 제공될 수 있는 환경이 존재한다는 사실 모두를 정립할 필요가 있다. 시장 조사는 여기에 필요한 정보를 제공한다.

시장 분석에 대한 조사를 진행할 때, 시장이 쇠퇴하고 있거나 다른 불리한 조건들이 존재한다는 사실을 발견할지도 모른다. 이러한 사실은 사업 계획을 취소하는 것이 아니라 현실적인 귀중한 점검을 할 기회를 제공하는 것이다. 당신의 사업에서 계획은 시장 조건에 유동적이고 반응적인 채로 남아 있다. 마케팅은 고객을 접대하고 고객을 최우선으로 대하는 것에 관한 것이며, 고객이 선택할 수 있는 많은 제품과 공급자가 있음을 인식하고 서비스를 제공하는 것이다. 그래서 시장 현실과 보다 밀접하게 관련될수록 더 많은 성공 기회가 있다.

시장 조사의 목적은 당신이 객관적인 판단을 내릴 수 있도록 잠재 시장에 대한 기본 정보를 제공하는 것이다. 시장 조사는 시장에 진입하기 전에 한번 착수되고 끝나는 일이 아니다. 새로운 시장으로 확장할 때뿐만 아니라 기업이 운영되는 동안은 정기적으로 시장 조사를 실시해야 한다.

정보를 수집하기 위해 다양한 자원을 사용할 수 있다. 훌륭한 시장 분석은 탁상 조사와 현지 조사를 조합한다.

탁상 조사 : 출판 자료들에 대한 분석이다. 이는 저렴하고 신속하므로 대부분 연구의 시작점이 된다. 탁상 조사의 한계점은 시대에 뒤떨어진다는 것과 잘 이해되지 않는 것이다. 아래와 같은 곳에서 자료를 볼 수 있다.

- Canada 통계(Statistics Canada) : 표준 분류 시스템은 북미산업분류체계(North American Industry Classification System, NAICS)이다. 캐나다 통계 자료는 NAICS의 웹페이지에 제공되어 있고, www.statcan.ca/english/Subjects/Standard/naics/2002/naics02-menu.htm에서 많은 하위 범주와 관련 조사 및 연구를 볼 수 있다.
- Canada 산업(Industry Canada) : 캐나다 산업 웹사이트는 캐나다 시장 및 무역 데이터, SME 벤치마킹, 중소기업 분석표, 분야별 기업 정보, 경제 분석, 그 외 통계를 포함한 사업 정보가 있다. www.ic.gc.ca
- BC 통계(BC Stats) : 이곳은 인구 조사, 인구 예측, 인구 추정, 이민/정착 보고서, 지역 소득과 실제 인구 통계와 같은 각종 통계 정보를 출판하는 곳

이다. www.bcstats.gov.bc.ca(물론 당신이 다른 지역에 거주한다면, 그에 상응하는 해당 자료를 검색하고, 여기에 제시한 BC 자료들도 살펴보기 바란다).

- Vancouver 공공도서관(Vancouver Public Library) : 밴쿠버 공공도서관은 정기 간행물의 데이터베이스(예 : CBCA, Canadian Newsstand), 협회 리스트(예 : 지역 공동체 조직 데이터베이스), 그리고 기업 정보 데이터베이스(예 : EDGAR SEDAR, Reference Canada)를 포함한 많은 온라인 및 인쇄물들을 보유하고 있다. www.vpl. vancouver.bc.ca

- esourcecanada.com, Fraser's Canadian Tradde Directory, Canadian Trade Index, Bellzinc Trade Directory, Canadian Company Capabilities, Superpages.ca, scottsinfo.com, BC Manufacturers' Directory, BC Government Directory 등과 같은 상공인 명부

- 무역협회(Trade Associations) : 산업 동향에 대한 정보와 각 산업에 존재하는 기업들의 목록을 포함해 각 분야의 전문가로부터 얻을 수 있는 시장 조사의 좋은 출처이다.

현장 조사 : 신규 데이터나 추가 데이터를 모은다. 이러한 연구 유형은 더욱 최신화되며 기업의 독특한 요구를 맞출 수 있다. 방식은 다음과 같다.

- 설문 조사 : 가장 흔한 방법이지만 항상 효과적인 것은 아니다. 사람들은 대개 설문 조사를 시간 낭비이자 강제적인 것으로 본다. 우편 설문 조사는 1~5%의 응답률을 보인다. 설문 조사는 수용적이고 진취적인 사람들에게 전화로 간결하게 수행할 때 가장 잘 이루어진다.
- 인터뷰 : 이 시점에서 아직 고객(또는 잠재 고객)과 이야기를 나누어 보지 않았다면, 지금이 바로 기회이다. 이 대화는 어떤 대상에게 제품을 공급할 것인지, 조정이 필요한 부분은 어디인지 알아내는 데 도움을 준다. 인터뷰

는 전화를 통해 이루어지며 집단별 혹은 개인적으로 인터뷰를 진행할 수 있다. 현재 또는 잠재 고객 이외에도 사회적기업을 경영하고 있는 사람, 유사한 경영 조직을 이끄는 사람 그리고 예비 투자자와의 대화도 필요할 것이다.

• 관찰 : 관찰은 사람들이 무엇을 하는지, 어떻게 말하는지, 누구에게 구매하는지, 어디서 얼마나 자주 구매하는지에 대해 알려 준다. 거리 설문 조사, 경쟁자 관찰 또는 잠재 고객 관찰이 여기에 해당된다.

III. 비즈니스 모델

여기에서 당신은 상대방에게 판매 품목과 성공할 수밖에 없는 이유에 대해 자세히 알려 줄 수 있을 것이다. 보고서에서 이 부분을 읽고 나면, 상대는 아이디어가 경쟁력 있을 뿐만 아니라 발전 가능성도 있다는 것을 확신하게 될 것이다.

이 영역에서 고려해야 하는 사항은 다음과 같다.

1. 제품 또는 서비스에 대한 설명
≫ 무엇을 제공하고 누구에게 제공하는가?
≫ 시장 기회와 제품 또는 서비스 사이의 연결 고리는 어떠한가?
≫ 고객이 말하는 요구 사항은 무엇인가?
≫ 고객은 언제, 어디서, 어떻게 구매하는가?

2. 사회적 차원
≫ 벤처를 통해 달성하고자 하는 사회적 목표는 무엇인가?
≫ 이러한 목표가 모체가 되는 조직의 미션과 목표와 어떻게 결합되는가?

≫ 사업과 미션 간에(제품을 홍보하는 것과 기업의 미션을 장려하는 것 사이) 시너지가 있는가?

3. 위기와 가정

모든 위기와 위기 관리 전략을 포함해서 당신의 벤처에 관해 예측되는 모든 것을 밝혀야 한다. 신중한 위험 요소와 통제할 수 없는 위험 요소 사이엔 차이가 있으며, 능숙한 투자자는 이 차이를 이해한다. 위험 요소가 없는 벤처는 어디에도 없기 때문에 명백하지 않은 것들은 많은 의문을 야기할 것이다. 또한 기업에 영향을 미칠 주요 장애, 법률, 보험, 세금 문제를 밝히고 어떻게 해결해 나갈지에 대해서도 논의하라.

4. 경쟁 우위

≫ 당신의 제품이나 서비스는 무엇이 다른가(예 : 뛰어난 제품, 서비스, 개성, 위치, 브랜드 인지도, 지적 재산)?

≫ 당신의 경쟁 우위는 얼마나 지속될 것이며 다른 이들이 얼마나 쉽게 그것을 재현할 수 있는가?

5. 가격 분석과 수익 모델

≫ 제품과 서비스에 얼마나 많은 비용이 들어가는가(예 : 공급과 구성 요소의 가격, 노동, 시장 평균, 기타)?

≫ 유사 제품에 대한 시장 평균은 어떠한가?

≫ 제품이나 서비스의 가격은 얼마인가(낮은 가격의 위험성을 알아야 한다)?

≫ 얼마나 많이 판매할 것인가?

≫ 각각의 판매/단위에서 얼마나 이익을 창출할 것인가?

≫ 경쟁자의 제품이나 서비스와 비교하면 어떠한가?

IV. 경영

지금까지 당신은 외부 시장과 경영 환경으로부터 벤처를 잘 이해하고 있음을 증명했다. 여기에서는 이제 운영 능력을 보여 줘야 한다. 내부 경영이 어떻게 이루어질 것인지도 보여 줘야 한다(기업이 이미 시작 단계라면 이미 가지고 있는 것이 문서화될 것이며, 앞으로 무엇이 더 필요한지에 대해서도 문서화할 것이다).

제품과 서비스와 관련된 인력, 마케팅, 유통, 재고 관리, 타임 라인, 결정 시기 그리고 성장 관리와 같은 다양한 측면의 세부 사항을 제공하라.

다음의 질문들이 도움이 될 것이다.

법적 구조

- 모체가 되는 조직과 기업 간의 관계는 어떠한가? 기업은 완전히 독립되어 있는가?
- 기업의 관리 구조는 어떠한가(모체가 되는 기업과 관련해서 또는 별도로)?
- 이 구조가 자선 또는 비영리 기업에 어떤 영향을 미치는가?
- 이사회에 필요한 기술은 무엇인가? 이사회 임원에게 사업 시작과 운영 과정 및 결과에 대한 책임이 증가될 것인가?
- 모체가 되는 조직은 어떤 비금전적 지원이나 재정적 지원을 할 것인가?

이러한 질문에 대답하는 데 도움을 줄 법적 사안들은 제7장에서 논의할 것이다.

운영과 생산 과정

- 제품이 어떻게 만들어지며 서비스는 어떻게 제공되는가?
- 원자재, 기술, 포장 자원이 있는가? 이 분야에서 비용을 절감할 것인가?
- 시설 또는 작업장의 필수 특성은 무엇인가?

- 어떤 장비, 부속 설비, 재고 목록 또는 기술이 필요한가?
- 안전이나 환경을 위한 요소가 있는가?
- 서비스를 전달하는 데 얼마나 많은 추가 작업이 필요한가? 시간은 얼마나 소요되는가?
- 어떤 종류의 경영 체제가 필요한가(예 : 재정, 운영, 구매, 계약, 재고 품목, 결제, 인적 자원)?

직원 배치

- 누가 사업을 관리하는가?
- 직원 배치를 위해 어떤 계획을 가지고 있는가?
- 직원은 특별한 교육이나 인증을 받아야 하는가?
- 비영리 고객이 고용될 것인가? 만약 그렇다면 추가 직원 또는 기타 자원이 필요한 특별 시설이 있는가?
- 직원들은 계약하에 급여를 위해 일할 것인가 혹은 상임직으로 일할 것인가?
- 경영 경험이 있는 사람 또는 훈련된 직원이 있다면 그 직원을 어떻게 활용할 것인가?
- 직원 배치 계획은 운영 요구 사항과 매출 성장 전망치와 일치하는가?
- 기업 성장에 따라 어떤 인력 변화가 필요한가?
- 설계로 변화되는 위치가 있는가? 기업 안에서 어떻게 높은 변동 비율이 수용될 수 있는가?
- 자격을 갖춘 직원을 작업 환경과 급여로 쉽게 고용할 수 있는가?
- 조직도는 어떠한가? 각 직원의 책무는 무엇인가?

판매 및 마케팅 계획

- 4P로 알려진 마케팅 계획

  ≫ 제품(Product) : 무엇을 팔 것인가?

  ≫ 장소(Place) : 고객에게 어떠한 시간과 장소에서 제공할 것인가?

  ≫ 가격(Price) : 제품에 얼마의 가격을 매길 것인가?

  ≫ 홍보(Promotion) : 고객이 어떻게 제품을 찾을 수 있는가?

- 인지도를 높이고 관심 고객을 끌어 내며, 고객들 사이에서 선호도를 구축하며 반복 사업으로 만들 마케팅 전략은 무엇인가?

- 어떤 마케팅 전략을 사용할 것인가(예 : 광고, 개별 판매, 공공 판매, PR, 판촉)?

- 판매, 마케팅 또는 유통 전략에 대한 온라인 구성 요소가 있는가?

- 벤처를 시작하는 이유는 무엇인가?

- 제품 마케팅을 위해 어떤 자원을 사용하고 있는가?

- 마케팅 홍보 능력이 있는 사람은 누구인가?

- 마케팅 성공 사례가 있는가? 어떻게 성공적인 마케팅을 따르거나 개선시킬 것인가?

- 어떤 고객 서비스 프로그램이 필요한가?

- 지역 사회의 관심도는 제품과 서비스 마케팅을 어떻게 강화 혹은 약화시키는가?

계획 실행

- 누가 아이디어를 현실로 이끌 것인가?

- 진행과 중단 같은 중요한 결정 포인트는 무엇인가?

- 시작 비용에 대한 예산은 어떠한가?

- 현재의 파트너와 선호하는 파트너는 누구이고, 그 이유는 무엇인가?

- 기업의 위험 요소는 무엇인가(예 : 재정, 명성, 안전, 법적 · 사회적 영향, 미션의 표류)?

• 이러한 위험 요소는 어떻게 완화시킬 것인가?

직원 배치의 예
Porluck Café Society : 전문화된 인프라 구현은 Portluck 성공의 또 다른 중요한 구성 요소이다. 우리는 전문 경리/회계사, 경영 컨설턴트 그리고 MBA 학위를 가진 높은 수준의 업계 관리자와 BC요리사협회의 회장인 요리사를 확보하고 있다.

브랜드 홍보의 예
Employing Unique Solutions : 우리 사업의 브랜드를 파는 것은 우리의 과제 중 하나였다. 직업 박람회에 가서 발상과 개념을 판매했고 우리 브랜드와 함께하려는 다양한 사람들을 만났다. 고객의 요구를 충족시킬 수 있는 숙련된 직원을 재배치하는 계획을 함께 실시했다. 모든 것을 함께 운영하는 것은 곡예 같았지만, 그렇지 않으면 성공은 아주 먼 이야기가 되었을지도 모른다. 우리의 성공은 신속, 전문성, 공손함 그리고 가격 효과성에서 나왔다.

V. 관리

여기서는 누가 벤처를 이끌고 성공을 보장하는지 설명할 것이다. 경영진의 장점을 강조해야 하고, 필요한 기술 격차를 인정해야 하며, 어떻게 보상할지 설명해야 한다. 일반적으로 운영 관리, 판매 관리 그리고 재정 관리의 세 가지 주요 기술이 강조된다.

기업 직원이 모체가 되는 조직의 직원과 어떻게 관련되어 있는지 설명하라. 만약 겸임 직원이 있다면 역할과 책임에 대해 명확하게 설명할 필요가 있다.

투자자나 파트너가 벤처에 함께 참여하게 될 것이라는 확신을 주기 위해 노력하고 있음을 상기하라. 경영팀은 그들에게 자신감을 불어 넣을 수 있을 것인가?

이 영역을 다음과 같이 구조화하는 것이 도움이 될 것이다.

Photo : Brian Harris

Potluck은 사회적기업의
선두 주자로, 사회·경제 개
발과 경제 활성화를 이끌고
있다. Potluck은 경영 활동
을 통해 직접적으로 시내
이스트사이드(밴쿠버) 주민의
삶의 질을 향상시키고 있다.

Porluck은 수백 개의 협력
업체와 비영리 기업 고객들
을 지원하며 도시 중심부에
서 전문 카페와 출장 요리
사업을 운영한다. Portluck
은 카페와 출장 요리 사업
의 수익을 공동체 사회 프
로그램에 다시 재투자하는
자선 단체이다.

팀 소개

- 누가 관리팀에 속해 있는가?
- 각각의 인물은 어떤 관련 경험을 제공할 수 있는가?
- 팀은 함께 일한 경험이 있는가?
- 사업 분야에서 팀의 경험은 어떤 것이 있는가? 비영리 조
  직 또는 자선 단체 영역에서의 경험은 무엇인가?
- 이사회는 경영팀을 어떻게 지원할 것이며, 직원 배치, 예
  산 관리, 계획 등의 분야에 얼마나 큰 권력을 발휘할 것
  인가?

중요한 관리 역할을 설명하라

- 각 지위의 주요 역할은 무엇인가(각각의 위치에 대한 간략한 설명을
  포함하라)?
- 기술 차이는 어디에 있으며, 그 차이를 어떻게 채울 것인가?
- 직원 배치는 기업이 성장함에 따라 어떻게 변화해야 하는가?

VI. 사회적 성과

당신의 계획을 전통적인 사업 계획과 다르게 만드는 주요 특징은 사회적 성
과이다. 이 부분에서는 성과의 업적을 어떻게 문서화하는가에 대해 설명할
것이다. 그렇게 하기 위해 사회적 성과는 수치화해야 하고, 목표는 측정 가
능해야 하며, 시간을 두고 평가해야 한다. 사회적 성과를 문서화하는(진행 상황
을 평가하는) 문제는 제6장에서 자세히 다루었다.

이 영역에서는 사회적 기능 및 성과의 평가를 위해 선택할 프레임워크를
제공하며, 환경적 요인, 자원과 공급 사슬, 고용과 작업 환경, 사회·경제 개
발, 사회 참여 그리고 긍정적 정책 모델 같은 사회적 가치를 어떻게 문서화

할 것인지 보여 줄 것이다.

이익을 작성하라

* 벤처로 인해 사회가 얻는 혜택은 무엇인가?
* 조직은 어떻게 더 강해질 것인가?
* 직원 및 고객은 서비스에 어떻게 접근할 수 있는가(즉, 특정 고객에 대한 방해물을 어떻게 확인할 것인가)?
* 기업이 세상을(또는 한 마을을) 어떻게 더 나은 곳으로 만들 수 있는가?

평가 방법에 대한 윤곽을 그려라

* 사회적 발전을 평가하기 위해 어떤 지표를 사용할 것인가? 그리고 당신의 벤처가 사회적으로 어떤 영향을 미치는지 어떻게 알 수 있는가?
* 조직 내에서 사업을 더욱 효과적으로 만들거나 미션과 목표를 진행할 수 있는 사람은 누구인가?

직업 및 재활 연구소(The Vocational and Rehabilitation Research Institute)
사회적 수익 사업 활동의 선택은 분명해야 한다. 투자에 대한 사회적 수익은 조직의 윤리 기준 규약에 따라 목표 및 조직의 미래와 밀접하게 연관되어 있다.

그것은 투자 성과를 제공하는가? 우리는 VRRI의 공적 자금 관리자로서, 개인 소유 기업보다 더 높은 윤리 기준을 준수해야 할 책임이 있다는 것을 안다. 새로운 사업이 수익이 될 수 있지만 이것은 절대로 변덕스러운 정책의 결과나 모체가 되는 자선 단체의 능력의 결과로 나타나서는 안 된다. 사업 계획은 반드시 사전에 준비해야 하며 불필요한 재정적 위험 요소와 자산 부담을 미리 예방해야 한다. 재정 상황에 맞는 사업을 시작해야 한다.

-Leslie Tamagi

VII. 재무제표

이 핵심 영역을 준비하면서 회계 전문가들의 도움을 받더라도, 가장 확실하게 염두에 두어야 하는 것은 재무제표야말로 투자자가 살펴볼 가장 확실한 부분이라는 사실이다. 누군가가 이 벤처에 투자 유무를 결정하기 위해 필요한 정보에 대해 생각해 보라. 예를 들어 현금 흐름을 관리하는 능력을 구축하는 것은 매우 중요하다. 그래서 이러한 중요한 문제에 대해 투자자를 확신시키는 특정 보고서나 도표가 필요하다.

모든 사업 계획을 위해, 재무제표는 pro forma(추정)라고 불린다. 이것은 사전에 만들어진다. 여기서 우리는 세 가지 추정 재무제표와 관련한 몇 가지 방향을 제시하겠지만, 정확한 작성을 위해서는 전문 회계사의 도움이 필요하다는 것을 명심하라.

사실 최종 재무제표 및 재무 계획은 실제로 공인 회계사(CA, CGA, CMA)가 준비해야 한다. 가능하다면 재무와 수익에 대한 double bottom line(재정적·사회적 측면) 계산을 다루어 본 사람이 좋다. 조직 내부에 이러한 적임자는 없을 것이다. 외부 전문가를 고용해야 하는 경우, 함께 일하는 사람들은 여러 재무 관련 서류에 대한 이해와 지속적으로 금융 정보를 유지하고 업데이트하는 데 필요한 것을 기본적으로 알고 있어야 한다.

다음의 세 가지—현금 흐름표, 손익 계산서 그리고 대차 대조표가 꼭 필요하다. 이 모든 보고서는 숫자로 지속 가능성과 기업의 생존을 이야기한다. 이 세 가지는 3~5년간 사업의 재무 분야에서 최적의 견적을 보여 줄 것이고 따라서 재무 계획이 된다(사업 운영 시 같은 종류의 보고서는 현재의 재정 상태를 설명하려고 만들지만, 동시에 미래의 재정 예측을 위해 사용할 수 있다).

현금 흐름표

추정 현금 흐름표는 '현금 유입'과 '현금 지출'을 한 달 단위로 정리해서 현금 흐름 예산을 작성한다. 이 표는 현금이 얼마나 필요할지, 언제 필요할지, 어디서 현금이 유입되는지를 보여 준다. 현금 흐름표는 사업 경영에 충분한 현금을 보유하고 있는지를 보여 주기 때문에 사업 계획의 가장 핵심적인 요소이다. 현금 흐름이 부정적으로 누적된다면 조심하라는 경고이다. 대출, 대출한도, 기부금, 조직의 보유 자본 같은 비상시 대비 계획을 잠재적 투자자에게 제시해야 한다. 위험 완화를 위해 3~6개월간의 경영 비용을 비상 자금으로 준비해야 한다. 준비금을 조성하는 데 몇 년이 소요될지는 모르지만, 재정이 튼튼한 회사로 거듭나기 위해서는 이것이 조직의 목표로 정확히 계획되어야 한다.

손익 계산서

추정 손익 계산서는 관리자가 기업의 자금을 얼마나 훌륭하게 사용할 것인지 예측하기 위해, 벤처가 향후 얼마나 수익성이 있을지를 측정한다. 손익 계산서는 정해진 기간 동안의 순이익과 운영비의 차이를 산출한다. 소비와 지출이 매월 혹은 매년 똑같은 비율로 증가하는 것은 아니지만, 두 번째와 세 번째 해의 전망은 대개 첫해에 산출한 견적의 논리적인 확장이라고 볼 수 있다.

대차 대조표

추정 대차 대조표는 특정 시점의 벤처의 자산, 부채, 자금 균형을 보여 줌으로써 사업에 투자된 모든 자금을 확인할 수 있다. 대차 대조표는 2개 영역으로 나뉜다. 첫 번째는 자본 목록(현금, 외상 매출금, 기계, 장비, 재고, 공급)이고, 두 번째는 부채 목록(외상 매입금, 부채, 선불 판매)과 자금 균형이다.

재무 계획-재무제표

모든 사업 계획의 핵심은 설명된 내용을 증명해 줄 일련의 재무 계획을 만드는 것이다. 재정 계획(일정 기간 동안의 판단 또는 예측)은 사업의 재정적 가능성을 평가하고 소요 자금을 결정하며 위험 요소를 평가하는 데 사용되는 것이다. 하지만 비영리 환경에서는 예산 편성과 달리 정확한 데이터(특히 수익 측면에서)를 파악하는 것이 거의 불가능하다. 이는 추정하는 것이 하나의 기술이자 예술이며, 재무 계획의 본질상 의사 결정의 질에 굉장한 영향을 미치기 때문이다.

관리자와 잠재적 자금 제공자는 모두 어떻게 매출이 증가하고 이익이 증가하는지에 관심이 있다. 그러므로 추정 재무제표는 보통 3~5년치가 제공되어야 한다.

다음의 단계들은 일련의 재무적 예측을 위해 필요한 절차들이다.

1. 장비, 가구, 재고, 법률 비용, 컨설턴트 비용, 초기 교육 그리고 초기 마케팅 비용을 포함한 잠재적 자본 투자 목록을 작성하라.

2. 잠재적으로 확정된 운영 비용과 가변 운영 비용 목록을 작성하라. 임대료, 급여 및 복리 후생, 설비, 보험, 사무실 또는 생산 본부, 모기업의 일반 비용, 지속적인 법률 및 자문 수수료, 지속적인 교육, 운송, 장비 수리, 전화, 자격증, 지속적인 광고, 세금, 회수 불가능한 빚, 그리고 이자를 포함하라.

3. 비즈니스 모델에서 말한 것을 토대로 되도록 경쟁력 있는 검토와 손익 분기점 분석에 기초해서 가격 정책을 명시하라.

4. 시장 기회, 시장 위치, 시장 조사 영역에서 말한 것을 바탕으로 시장의 잠재적인 규모 및 일정 시간 동안의 예상 매출을 추정하라.

5. 재무제표(손익 계산서, 현금 흐름표, 대차 대조표) 작성을 위해 필요한 초기 가정을 명확히 제시하라.

6. 엑셀을 사용해서 이 가정들을 보고서로 변환할 모델을 발전시켜라.

7. 시장 데이터, 고객 의견 또는 과거 경험에 대한 주요 가정을 확인하거나 점검하라.

8. 민감도 분석은 미래의 상황이 불확실할 때 확실한 상황임을 가정하고 분석하는 조사 방법이다. 아래에는 추정과 민감도 분석을 위한 조언들이 있다.

벤처가 속한 산업에 따라 부채 및 자본 조사표, 시작 비용, 재무 구조에 대한 추가적인 특별 보고서가 필요할 수 있다. 하지만 소화하기 힘든 재무 데이터에 흥분해서는 안 된다. 대신 논리적인 전개에 없어서는 안 될 정보를 제공하는 것과 중요한 가정을 공개하는 것 그리고 실현 가능성을 확인하는 것에 집중하라.

모든 잠재적 투자자가 당신의 계획을 읽을 때 물을 수 있는 주요한 질문은 얼마나 많은 돈이 필요한지, 어디에 필요한지, 언제, 어떠한 형태가 필요한지(현금, 대출 한도 등) 그리고 언제 기업이 손익 분기점을 돌파할 것인지이다. 전반적인 계획 중 특히 재무제표에서 기업의 투자 가능성을 평가하게 될 것이며, 추가 투자자의 재정 지원을 유치할 것인지 여부도 결정하게 될 것이다.

사회적 수익 부분에서 세운 재무 계획과 예상되는 사회적 영향력 사이를 확실하게 정렬하라. 독자가 벤처의 사회와 사업 목표 사이에서 연결성을 만들도록 도와라. 예를 들어 사회적 수익을 측정할 시기를 나타내기 위해 현금 흐름표의 특징을 사용할 수 있다. duble bottom line(재정적·사회적 측면) 혹은 triple bottom line(재정적·사회적·환경적 측면) 원칙에 따른 추정 재무재표는 이른 감이 있으나, 잠재적 투자자, 위원회 구성원, 조직의 파트너와 주식 소유자는 이것을 참고할 것이다.

재정적인 모형 뒤에 있는 핵심 가정들을 앞으로 드러내라. 재정 계획에 어떻게 도달했는지 추측하도록 놔두지 마라.

독자를 돕기 위해 적절한 부연 설명을 제공해야 한다(특히 독자가 계획 전체를 읽을 것이라는 확신이 없을 때).

가정을 세우는 데 도움이 되는 조언

재무제표가 얼마나 정교한지와는 상관없이, 현실적인 추정은 계획의 질을 결정한다. 다음의 사례는 추정의 질을 향상시키는 데 큰 도움이 된다.

가장 중요한 숫자에만 집중하라

대부분의 사업 계획은 한두 가지 가정이 결과에 가장 큰 영향을 끼친다. 가장 중요한 가정(보통 판매 및 채용 시기)의 정확성을 향상시키기 위해 투자하고 시간을 사용하라. 불필요한 가정(사무 용품 가격과 같은)의 정확성 개선을 위해 시간을 사용하는 것은 중요하지 않다.

유사 상황을 찾아라

유사 사업과 상황에 대한 정보를 얻으려고 노력하라. 경쟁자들이 어떻게 행동하는가? 고객과 구성원은 얼마나 있는가?

확신이 서지 않는다면 필요한 인적 자원을 기초로 하라

대부분의 지출은 직원의 숫자에 비례한다.

엑셀 기능들을 어떻게 사용할지 배워라

재정 계획을 구축할 때 내용을 변경하는 것이 필요하다. 컴퓨터 프로그램을 아는 것은 매우 중요하다. 여기에서 세부 사항을 다룰 수는 없지만 누구든지 다음의 엑셀 기능을 배워야 한다. IF, VLOOOKUP, SUM, SUMIF, TABLE 이 다섯 가지 기능을 배우고 나면 담당자의 능력은 매우 향상되어 있을 것이다. 재무 분석 도구를 학습하고 활용하기 위해 외부의 도움도 필요할 것이다.

민감도 분석

민감도 분석은 현재 사용하고 있는 가정에서 특정 변화에 따라 연구 결과가 어느 정도 달라지는지 보는 것이다. 재정 계획을 발전시키는 데 많은 시간과 힘을 사용했지만, 오류도 있을 것이며 여러가지로 변화하는 상황에 대한 준비도 해야 할 것이다. 예를 들어 가정이 현재 정확하지 않거나, 이후에 일어나는 사건과 변화에 의해 구식이 될 수 있다. 그 밖의 가능성 있고 합리적인 시나리오의 범위와 잠재적 영향력을 이해하는 것이 아주 중요하다.

자신에게 두 가지 핵심 질문을 하라.

Ellice Café & Theatre는 2005년 2월에 New Life Ministries의 지역 사회 발전 비영리 협회로 시작했다.

Ellice Café의 매출은 New Life Ministries의 임시 주택과 임시 쉼터 거주자들을 위한 저소득층 식품 서비스에 보조금을 지급하는 것을 돕는다. 또한 카페는 자원 봉사와 직업 훈련을 위한 공간으로도 쓰인다.

- 나는 최초의 계획에서 얼마나 멀어질 수 있는가? 여전히 충분한 수익을 만들 수 있는가?
- 멀어진 것의 영향은 무엇이고 얼마만큼 영향이 있는가?

Ellice Café

사회적기업을 운영하는 것은 내가 해 왔던 다른 어떠한 직업들과도 확연히 다르다. 기대는 매우 다층적이다. 지역 사회는 저렴한 음식을 제공하고, 일자리를 얻기 힘들어하는 이들을 훈련시켜서 일자리를 찾아 주기를 원하며, 훌륭한 음식과 더 높은 고객의 요구를 충족시키는 카페를 원한다. 모든 사업의 목표를 이해하는 것이 중요하다. 이것은 사회적기업에서 더욱 중요하다. 돈을 버는 것은 좋다. 돈을 버는 것은 Ellice Café의 고정 수입이 되는 할인 프로그램을 제공할 수 있게 해 준다. 고객 중 많은 사람이 제시된 가격보다 더 많은 음식값을 내고 간다. 그들 덕분에 할인을 받지 않고 전액을 지불하는 고객들과 음식, 서비스와 환경을 똑같이 즐기는 사람들도 있다. 경영의 재정적인 측면은 앞으로 구축될 다른 프로그램들을 위한 토대가 된다. 카페가 완전히 자급자족 가능하면, 가난의 악순환에 있는 이들이 나올 수 있도록 돕는 목표를 위해 더 많은 직원을 고용하고 훈련시킬 수 있을 것이다. 사회적기업에서 일하는 사람이 기업의 경영적인 측면에 가치를 매기는 것은 중요하다. 우리는 돈을 버는 것에 신경 쓰는 것을 부끄러워할 필요가 없다. 만약 돈과 관련된 숫자를 어떻게 봐야 할지, 어떻게 평가할지 모른다면 도움을 꼭 요청해야 한다. 나도 수차례 그렇게 해 왔다!

–Belinda Squance

민감도 분석을 수행하는 방법에는 두 가지가 있다.

1. 세 가지 재무제표를 준비하라. 하나는 '실제' 추정 재무제표이다. 하나는 부정적인 사건들의 조합을 예상하는 비관적인 시나리오이다. 세 번째는 긍정적인 사건들의 조합을 예상하는 낙관적인 시나리오이다.
2. 1개 또는 2개의 주요한 가정이 계획에 미치는 영향을 확인하라.

여기서 첫 번째 옵션은 실시하기 간단하다. 매번 새로운 엑셀 파일을 저장하고, 가정을 단순하게 바꾸고, 새로운 가정을 만들고, 새로운 엑셀 파일 간의 비교를 위해 저장하라. 두 번째 선택 사항은 엑셀의 '표' 기능을 사용해서 수행할 수 있다. 아쉽게도 이 기능은 숙련자의 기술이 필요하다. 벤처 아이디어와 계획 업무를 담당하는 중요한 역할을 맡은 사람들은 재정 분석을 위해 엑셀 시스템을 완전하게 이해해야 한다. 다시 말하면, 이러한 도구를 배우고 사용하기 위해 외부의 도움이 필요할 것이다.

계획의 현상 유지

이것은 계획을 위한 일반적인 형식과 내용이다. 이전에 언급했듯이 사회적 기업을 이끄는 정말 효과적인 도구로서의 사업 계획을 위해서는 지속적인 과정과 재검토가 필요하다. 기업이 변화하면 사업 계획도 변해야 한다. 적절한 조사와 균형을 잡아 가면서 기업과 사업 계획은 이상적으로 함께 진화한다.

첫해에는 전체 사업 계획을 분기별로 점검해야 한다. 특히 마케팅 부분과 직원 배치 및 재정 계획을 세심히 점검하라. 사업 계획을 기업의 현실에 맞춰 조정해 가며 등급을 평가하게 될 것이다. 검토에 동참할 두세 명을 섭외하라. 그리고 장래성, 가정, 위험 및 성공 요인에 도전하도록 직원들의 용기를 북돋워라. 또한 사업 계획 코치와 컨설턴트 그리고 재무 제표 준비에 참여했던 사람들이라면 누구든지 다시 한 번 재검토할 수 있게 하라. 첫해의 마무리 시기에는 관련된 산업 계획 문서와 사회적기업을 평가하기 위한 외부 감사 서비스를 유지하는 것이 좋다. 외부 감사는 매우 건설적인 도구가 될 수 있다. 기업 관리 능력과 직원을 비감정적인 관점에서 평가할 것이다.

"수익 감소와 즐겁게 일하지 못하는 봉사자와 직원은 정책과 과정을 쇄신하고, 개선 기회를 위한 전략 계획을 확인하는 시간이 필요함을 의미한다."
-Wendy Faris, Pearls 2nds

사업 계획의 타당성을 평가하면서 계획 기반 연구가 여전히 정확한지 살펴보라. 시장 전망은 진부한지, 새로운 경쟁자들이 시장에 진출해서 공통된 시장 지분을 가지고 있는지, 가치 제안이 여전히 매력적인지, 이러한 점검은 당신이 실행해야 할 어떤 새로운 연구가 있는지 제안해 줄 것이다.

여기에 특별한 팁이 있다. 투자자 및 주요 이해 관계자와 연락을 유지할 수 있도록 사업 계획 및 관계 문서를 지속적으로 검토하라. 최신화된 핵심

Le Bucafin
사업은 훌륭한 사업 계획이 함께 해야 한다고 믿는다. 서랍에 넣어 둔 채 사용하지 않을 계획은 세울 필요가 없다. 사업 계획은 기업을 위한 도구이다. 사업 계획은 기업 발전에서 자연스레 일어나는 것이 아니다. 현재 경영에서 진행되고 있거나 이전에 계획했던 것과 부합하지 않는다면 사업 계획을 바꿀 수 있어야 한다. 우리는 사업 계획을 약 세 번가량 바꿨다. 우리의 고객은 변했고, 따라서 우리도 변해야 했다. 우리가 계획을 따랐을 때, 우리는 여름 관광객 유입을 고려하지 않았다. 그리고 여름과 겨울의 경영 차이도 고려하지 않았다. 이후 지역 관광청과 좋은 협력 관계를 만들었는데, 이러한 관계는 처음 사업 계획에는 없는 내용이었다. 우리는 재무제표와 시장 조사를 준비하면서 매우 훌륭한 사업 계획을 작성했다. 당초 계획에서는 세탁소가 사업의 큰 부분이 되리라 생각했지만, 현재는 인터넷 카페가 더 큰 비중을 차지하고 있다.

— Carole Lachance

정보 요약과 개정된 사업 계획의 재무 부분(그리고 그들이 관심이 있다면 계획 전체)을 그들에게 제공하라. 그들은 진행 과정을 아는 것에 기뻐할 것이고, 계속해서 과정을 확인할 수 있는 사실에 안도감을 느낄 것이며, 당신에게 꼭 필요한 지원이 있음을 알게 된다면 이러한 지원에 대한 추가 요청을 하기가 좀 더 편안해질 것이다.

결론

이 모든 사업 계획 과정을 진행하는 동안 실패를 받아들일 순간이 틀림없이 있을 것이다. 두 손 두 발 들고 실패를 받아들이지 마라. 사업 계획이라는 과제는 어려운 일이지만 가치 있는 일이다. 도전적인 계획을 하지 않는 조직보다 도전을 받아들이고 중요한 기회를 포용하는 기업이 더 나은 위치를 차지한다는 것은 아주 단순 명료한 사실이다.

　이 장에서는 사업 계획, 업무 계획을 만들고 그것을 실제에 유지시키기 위해 제안된 몇몇 구체적인 방법과 틀을 세웠다. 다른 자료들로 이 가이드의 정보를 보충하고 사업 착수를 하려는 사람들과 이야기를 나누면 더 많은 도움이 될 것이다.

성과 측정

이 가이드는 사회적기업 운영에 대한 중요한 방법과 수단을 제공하고 있다. 이제는 사업 운영 후에 발생할 아주 중요한 일을 다루고 싶다. 사업의 최고 책임자가 매일 실시하는 지속적인 모니터링과 감독 위원회의 일반적인 감독 방법뿐 아니라, 전체 과정 시작 시에 조직이 염두에 둔 것이 어떻게 부합하는지 보기 위해 사업의 전반적인 수행을 평가할 광범위하지만 중요한 과제가 있다.

사실 제2장 사회적기업 발전의 길과 제5장 사업 계획에서 검토한 것처럼, 사업 계획은 경제적 · 사회적 결과물에 대한 기업의 성과를 평가하는 기본 방향을 포함해야 한다. 실제로 재정적인 목표에 기초해 성과를 측정하는 것은 회계와 부기로 구축되어 있다. 이것은 비영리 기업이든 영리 기업이든 모든 종류의 사업에서 취급하는 일반적인 작업이다. 하지만 사회적 성과에 대한 평가는 특별하고 매우 어려운 일이다.

수년에 걸쳐 많은 사람들이 기존의 비즈니스 모델을 이익 이상의 무언가로 만들고자 시도했다. 지역 사회와 사회 전반에 광범위한 긍정적 효과를 전달하기 위해 시도했으나, 사회적 영향이 실제로 일어났는지 확인하는 방법을 알아내는 것은 매우 어려운 일이었다. 사회적기업을 운영하는 사람과 자금 제공자 모두 두 번째 목표에 대한 훌륭한 활동을 문서화하는 어려움에 좌절했다. 대부분의 이유는 바로 사회적 영향력이 사업과는 관계없이 사람들의 긍정적인 변화로 발생하며, 지역 사회는 사업에 영향을 받는다는 것이었다. 사업의 범위가 넓어질수록 사회적 성과에 대한 증거를 찾기는 더욱 어렵다.

맞다. 당신이 단지 이익에만 관심이 있는 것이 아니기 때문에 좋은 일을 해야 한다고 주장하는 것은 이해할 만하지만, 어떻게 다른 사람에게 좋은 의도 이상의 무언가가 있다고 설득할 것인가? 당신은 스스로가 찾고 있던 결과들을 달성하고 있다고 확신하길 원한다. 우리는 이 장의 시작에서부터 의견이 분분한 사회적기업 영역의 문제를 푸는 데 도움을 주길 원한다. 우리가 논의할 것은 다양한 이름을 가지고 있다. 성과 결정, 성과 측정, 평가, 사회적 성취. 이것은 모두 사회적기업의 사회적 성과를 문서화하는 것에 대한 것이다. 지금 우리가 원하는 것은 어떻게 모으고, 제공하고, 사용하는지 이며 하드 데이터를 이용해 흥미로운 사례 연구와 통찰력 있지만 산발적인 관찰과 판단을 보충하는 것이다. 우리는 질적인 정보가 기본적이면서 중요하고, 반드시 수반되어야 하며 중요한 행동으로 이어질 수 있다는 것을 안다. 이에 우리는 기업을 지지해 줄 기업 성공의 포괄적인 그림을 추구하고 획득하는 방법을 제시하고자 한다.

Starworks Packaging and Assembly는 밴쿠버 지역의 발달 장애인들을 경노동 업무와 조립 업무 수행에 고용하기 위해 장애인개발협회에 의해 만들어졌다. 고차원의 수공업을 요구하는 모든 일을 다룰 수 있는 5,000 평방피트 공장에서 50명 이상의 상시 근로자들을 고용하고 있다.

성과 측정의 이유

주의 깊고 상세한 수행 평가가 사회적기업의 제일 중심이 되어야 할 필요가 있는지 그 이유를 열거해 보자.

- **기업이 정상 궤도에 올라 있다는 입증** : 이것은 신중한 평가 프로그램을 위해 가장 중요한 부분이다. 당신과 협력자는 의도한 대로 일이 진행되고 있는지, 어느 정도 진행되고 있는지에 대해 확실히 알기를 원한다. 기업과 비영리 조직의 전 직원은 일이 제대로 진행되고 있는지 알 필요가 있다. 이는 사회적 행동의 가장 만족스러운 경험 중 하나이다.
- **계획의 조정과 개선** : 실제로 계획에서 적절한 변화를 이끄는 작업을 할 수 있다. 심사숙고해서 고민한 모든 변화가 사회적 결과물에 영향을 줄지 여부에 대해 더 나은 판단을 할 수 있다.
- **일상 활동의 개선** : 지금 실제로 무슨 일이 일어나고 있는지 알고 있기 때

문에, 매일 일어나는 새로운 결정을 통해 섬세해지는 것에서부터 사회적 영향력에 이르기까지 다양한 혜택을 얻음으로써, 일상 활동이 좋은 방향으로 나아간다.

- **외부 지원을 만들고 유지하기** : 자금 관리자, 투자자, 협력자, 정치적 지도자 그리고 일반 공동체로부터 정말로 필요한 지원을 받을 수 있을 것이다.
- **사회적기업 영역에 기여하기** : 동료들은 당신이 보고한 것, 중요한 정보를 얻는 방법을 학습할 수 있고, 그로 인해 자신의 사회적기업 활동을 보다 뛰어나고 만족스러운 수행에 적용시킬 수 있다. 또한 관련 분야 연구자들은 새로운 생각과 기술을 발전시킬 수 있는 확실한 지식을 얻게 될 것이다.
- **실제 요구에 사전 대응하기** : 위험 요소를 다룰 때에는 경고가 될 수 있는 정보가 없는 상황, 자금 모으기, 보고하기, 의사소통을 위한 정보 모으기에 시간이 과도하게 소비되는 상황을 피해야 한다.

공동체 발달에 기여하기 위해 각자 다른 목표와 목적을 가진 많은 종류의 사회적기업을 고려해 보면, 사회적 성과의 평가 영역이 복잡하다는 것을 알 수 있다. 수년 동안 효율적이고 효과적으로 사회적 성과를 문서화하는 방법을 찾기 위해 활발하고 주의 깊은 시도들이 많이 있었다. 실제로 그런 노력들은 사회적기업 영역을 우리 경제와 사회의 중요한 부분으로 인식하고 지지하도록 정책 결정자를 설득하기 위해 올바른 정보를 모으는 수단으로 오늘날까지 계속되고 있다.

이 장의 끝 부분에서 간략한 목록을 제시할 것이며 사회적 성과 측정을 위한 접근법들을 보게 될 것이다. 각 접근법으로부터 얻을 수 있는 매우 중요한 이점과 의의가 있지만, 우리는 그 중 한 가지를 선택했으며, 이는 '가치 설명'이다. 그 전에 사회적 성과 증명과 관련한 일반적 접근법을 먼저 소개할 것이다.

가치 설명 접근법 선택의 이유

우리는 가치 설명(DV) 체계를 사회적 성과 평가와 관련한 많은 이유들로 선택
했다.

- 이 체계는 사회적기업 개척자의 자금 조달자와 다른 지
  분 소유자와의 밀접한 협력을 통해 설계되었다. 그래서
  이것은 실제 사회적기업 세계에서 일하고 있는 사람들의
  통찰이 담겨 있다. Enp는 설계 부문에서 적극적인 역할
  을 담당하고 있다.
- 8개 기업의 심층적인 사전 조사를 통해 개발되었으며, 다
  양한 사업, 미션, 발달 단계와 경영 환경을 고려한다. 그
  리고 프레임워크는 다양한 다른 환경에서 작업의 유연성
  을 실험하는 데 사용되었다.
- 세세한 특정 도구를 사용할 수 있도록 제공한다 : DV 도구
  모음
- 그 도구를 사용할 사람들에게 의미가 있어야 한다는—의
  미가 있을 뿐만 아니라 성과 향상을 고무시키는—원리에
  의해 설계되었다.
- 이 체계는 경영 성과와 함께 사회적 성과의 평가를 통합해서 재정적 목표
  와 사회적 목표 간의 교류와 공동 효과에 관한 더 많은 통찰력을 얻을 수
  있다.

"**가치 설명**은 성과 측정의
힘을 역동적으로 바꾸며, 흔
히 자금 지원자에 의해 통
제된다. 이는 운영자가 자금
지원자를 교육할 수 있게
한다."
– Joanne Norris, 사회 자본 협
력자

"**가치 설명 도구**를 사용하는
것은 당신이 제공한 부가
가치를 정의하는 것을 도와
주고, 거기에 더해서 당신의
관심사를 좁힐 수 있게 도
와준다. 예를 들어, 가치 설
명 도구가 등장했을 때, 나
는 환경적 영향에 관심을
가졌지만, 정말로 알아야 하
고 측정할 필요가 있는 것
을 정의하는 과정 중에 사
람에게 집중할 것을 결정했
다. 이는 사업 목적의 핵심
중 하나이며, 우리는 그 분
야의 활동을 측정하는 데
집중할 필요가 있다."
–Deanne Ziebart, 장애인발전
협회(DDA)

DV 사용처 요약

다음 표는 DV 접근법의 적용에 대한 간단한 개관을 제공한다. 세부 사항은

www.demonstratingvalue.org를 확인하라.

해야 하는 것은 무엇인가?	가치 설명은 어떤 도움을 주는가?
재정 수행을 이해하라. 좋은 재정 정보들을 얻어라.	독특한 사회적기업의 필요를 충족시키기 위한 재정적 회계를 최적화하는 데 도움을 주는 도구, 중요한 재정 정보 사용에 대한 가이드 (중요한 성과 측정 기준), 재정 정보와 관련된 직원, 협의회, 기타 활용의 예
여러 목적의 균형을 맞추고 관리하라.	지도를 만드는 과정과 목표 사이의 연결을 살펴보기 위한 보고 도구는 다른 목적도 충분히 관찰하고 있다는 것을 증명해 준다.
범위 내 위험 요소들을 찾아라.	목표와 과업을 확인하여 차이를 인식하고 해결책을 찾기 위한 도구
무엇을 '측정'해야 하는지 찾아라.	어떤 정보가 가장 중요하고 수집 가능한지 확인하는 데 도움, 무엇을 측정할지 조언을 제공해 주는 도구
투자자와 공동체의 다른 사람들에게 가치를 부여함을 보여 줘라.	가치를 추적하고 평가를 도와주는 도구, 숫자, 표, 문자와 사진을 사용한 이야기를 효과적으로 의사소통하는 방법에 대한 조언
보고를 통제하여 요구를 충족하는 것이 효율적이고 통합적이다.	정보와 보고의 필요성을 제시하는 과정, 효과적인 보고를 발전시키는 조언과 도구
배운 것을 다른 사람들과 함께 공유하라.	결과를 보여 주기 위한 설득력 있는 발표 도구 개발 안내, 당신이 배운 것을 숫자, 표, 문자 및 사진을 이용해 얼마나 효과적으로 공유하는가에 대한 충고

역량과 비용에 솔직해지자

유용한 성과 측정 시스템을 만드는 것은 오랜 시간과 많은 양의 자원이 필요하다. 설령 자금 제공자나 다른 사람들이 깨닫지 못하더라도 당신은 이것을 인식해야 한다. 이것은 좋은 투자이다. 일단 사회적기업이 설립되어 운영되면, 기업이 하는 일에 영향을 주는 결정을 매일 해야 한다. 그리고 현재 혹은 미래의 투자자, 직원, 고객, 심지어는 일반 대중 앞에서 기업의 가치에 대해 설명해야 한다. 이러한 것들을 고려해 보면, 기업 설립 때부터 기업의 성과를 측정할 수 있는 좋은 체계를 만들어 놓아야 하는 이유를 짐작할 것이다. 기업 계획 단계에서 무엇을 측정해야 하는지, 그리고 측정해야 할 정보를 어떻게 수집하고 사용할지에 대해 명확히 해야 한다. 다음으로 기업의 운영 환경에 맞게 성과 측정 시스템을 발달시키기 위해 추가적인 시간과 자원을 투자할 필요가 있다.

한 번 더 강조하면 평가 시스템은 고안해 내기도 어려울 뿐만 아니라 엄청난 시간과 비용을 요구한다. 때문에 사업 계획 평가 시스템을 개발할 때 모든 사항을 다뤄 보겠다는 것은 비현실적일 것이다. 또한 운영의 초기 단계에서부터 모든 평가 계획을 실행에 옮기는 것 또한 거의 불가능하다. 그러므로 처음에는 작게 시작해서 기업이 성장하면 평가 시스템과 기술을 개선하고 증진시켜라. 예를 들면 데이터를 추적할 때 처음에는 종이에 먼저 옮기고, 나중에는 스프레드시트와 데이터베이스에서 좀 더 종합적으로 발달시킬 수 있다. 게다가 기업 운영의 현실을 봤을 때, 무엇이 필요하고 무엇이 가능한지에 대한 예측을 주기적으로 수정해야 함을 알 수 있다. 무엇보다 중요한 것은 무엇을 추적해야 할지 알고 이러한 시스템을 즉시 개발해야 한다는 것이다.

사회적기업 운영에서 이처럼 중요한 부분을 수행해 나갈 직원을 고용할 때에는 각별한 노력을 기울여야 한다. 사회적기업에 필요한 특별 분석은 고사하고 일반적인 사업 평가도 서투른 골치 아픈 관리자나 매니저 때문에 덜 중요한 일로 낭비하는 일이 없어야 할 것이다. 사회적기업 운영에 중요한 역할을 수행할 수 있는 직원을 채용하고 관리하기 위해 특별한 노력을 쏟아야 할 것이다.

Raven Recycling Society
"정부와 이사회는 우리의 노력, 돈, 이윤이 어디로 가는지 그리고 얼마나 많은 자료를 생성하고 얼마나 많은 돈을 절약하는지와 같은 문제에 관심이 있다. 그들은 우리의 말에 신뢰를 얻고자 하므로 측정 과정을 보여 줘야만 한다."
–Joy Snyder, 상임이사

평가는 반드시 경영 가치를 포함하고 있어야 한다

당신의 생각이 무엇이든 간에, 모든 사항은 경영 가치로 귀결되어야 한다. 이론과 기술에 너무 신경 쓰지 마라. 대신 기업 경영에 도움이 되는 접근 방식을 고려하라. 이것은 기업에 대해 알고 싶고 보여 주고 싶어 하는 것을 이루어 나가는 것을 의미한다. 비전과 그 비전에 어떻게 도달할 수 있는지 진지하게 대화하라. 비전에 도달할 수 있는 유일한 방법은 사회적기업에 맞게 설계된 성과 관리 도구가 왜 필요한지, 이러한 도구를 통해 사회적기업을 효과적이고 효율적으로 개발, 관리, 성장시킬 수 있는지에 대해 명시하는 것이다.

무엇을 측정하는가

기업에 필요한 시스템을 어떻게 발달시킬 수 있을까? 기본적으로 이것은 (1) 측정할 것을 알아내고 (2) 정보 수집을 위한 효율적인 추적 시스템을 개발하며 (3) 의사 결정 시, 그리고 다른 사람들 앞에서 기업의 가치와 실행 방법을 설명할 때 수집한 정보를 사용하는 것을 의미한다. 가치 설명(The Demonstrating Value, DV)을 위한 도구 상자가 각 단계마다 도움을 줄 것이다(이 장의 마지막 부분에 나열된 다른 도구 역시 다양한 방법으로 도움이 될 것이다). 이 과정의 초기 단계에서 중요한 고려 사항은 사업의 핵심 분야를 확인함으로써 잠정적으로 측정 분야의 우선순위를 매기고 사업을 시행하는 것이다. 너무 정확하게 측정하려고 하는 것은 종종 혼란스럽거나 비용이 많이 든다. 다시 한 번 말하지만 측정 분야와 기술 분야는 점진적으로 추가하거나 바뀔 수 있다. 기업이 성장함에 따라 이 과정들도 학습의 일부분이 될 것이다.

성과 측정 방법의 초기 개발 단계에서는 모든 효과적인 접근에 포함된 성과 체계를 구성하는 모든 기업에 적용될 수 있는 중요한 특징들을 확인할 필요가 있다. Canadian Comprehensive Auditing Foundation[**]은 이러한

[**] 출처 : Canadian Comprehensive Auditing Foundation, "Nine Principles for Performance Reporting," Reporting Principles: Taking Public Performance Reporting to a New Level, 2002.

주요 원리들을 내세운다.

1. 수행에서 몇 가지 중요한 사항에 초점을 맞춰야 한다.
2. 이러한 사항들을 선택한 이유를 제시한다.
3. 당신이 추구하는 목표와 기대를 설명한다.
4. 달성 결과를 진술된 목표와 성과 기대와 연관시킨다.
5. 아래에 따라 적절한 상황과 결과를 대입한다.
   ≫ 현재의 능력에 따른 결과 혹은 개선된 결과를 현재 진행 중인 생산 능력과 연관시켜 본다.
   ≫ 주요 위험 요소가 무엇인지 그리고 이 위험 요소가 정책, 목표, 성과 기대와 관련된 선택에 어떻게 영향을 끼치는지 설명한다. 그리고 달성 결과와 수용 가능한 위험 수위를 연관시켜 본다.
   ≫ 회사가 하고 있는 일을 고객에게 이해시키고 보고된 성과 정보의 의미와 중요성을 깨닫게 하기 위해, 그들에게 필요한 다른 중요한 성과 요인들을 설명한다.
6. 금융 관련 정보와 비금융 정보를 통합함으로써 자원과 산출 결과의 중요한 관계를 인식하고 설명한다.
7. 만약 이전 성과와 현재 성과를 비교하는 것이 고객의 이해와 성과 보고에 유용하다면 그 둘을 비교한다.
8. 만약 타 기업과 본인의 성과를 비교하는 것이 고객의 이해와 보고된 성과 정보 사용을 증가시켜 줄 수 있다면 그 둘을 비교한다.
9. 보고된 성과 관련 정보가 왜 믿을만한 정보라고 확신하는지 설명한다.

이러한 원리를 가이드로 삼아 특정 요구에 부합하고 각 단계마다 달리 시행될 수 있는 성과 측정 시스템을 구축할 수 있을 것이다. 가치 설명(DV)식 접근은

이 일을 할 때 당신을 도와줄 몇 가지 유용한 도구들을 가지고 있다. 이 장의 나머지 부분에서는 이에 대해 개괄적으로 설명할 것이다.

가치 설명(DV) 렌즈

가장 쉬운 시작 방법은 분석 가능한 모든 활동 영역이나 단계를 고려하는 것이다. 다음으로 해답이 필요한 주요 질문들을 결정하면서 조금씩 범위를 줄여 나간다. 또한 누가 이 성과 정보가 필요하고 그들이 어떻게 이 정보를 사용할 것인지 생각해 볼 필요가 있다. 가치 설명 렌즈가 이것을 도와줄 것이다.

조직에서 수집한 정보는 우선 사업 결정과 직접적으로 연관되어 있어야 한다. 어떤 정보가 가장 유용한지 알아내기 위해 다음 질문을 항상 생각하라. '무엇을 알고 보여 주길 원하는가?' 본질적으로, 말하고 싶은 이야기와 더 나은 결정을 만드는 데 일조하는 정보를 고려해야 한다. 무엇이 가장 큰 위험 요소인지, 위험 요소를 관리하는 데 도움이 되는 정보를 가지고 있는지? 무엇 때문에 여기에 있으며, 왜 누군가가 이 일에 관심이 있어야 하는지? 하고 있는 일이 독창적인지? 이사회, 창업자 혹은 일반 대중이 왜 당신을 지지해야 하는지? 지지받기 위해 어떤 증거 자료(수치, 사진, 인용문, 이야기, 비디오 등)를 가지고 있는지? 어떤 것이 더 필요한지?

아래의 두 가치 설명 렌즈가 해답에 도움을 줄 것이다. 첫 번째 렌즈는 '어떤 정보가 유용할까?'를 묻고 두 번째 렌즈는 '정보가 어떻게 사용될까?'를 묻고 있다. 첫 번째 렌즈는 어떤 데이터와 지표, 정보를 수집하는 것이 가장 의미 있는지 정확히 찾아내는 데 도움을 주며, 두 번째 렌즈는 다른 보고 요청에 대해 가능한 한 효율적으로 반응할 수 있도록 도와준다.

무엇을 알기 원하는가

당신은 경제적 · 사회적 목표(인간적 · 공동체적 · 환경적 · 문화적 목표)를 가지고 있기 때문에 두 목표와 관련된 정보를 동등하게 수집하는 것이 중요하다. 또한 장기적으로 기업을 유지하는 데 필요한 자산, 자원, 사례 등을 개발시켜야 할지 알고자 할 것이다. 아래의 세 관점을 고려하라.

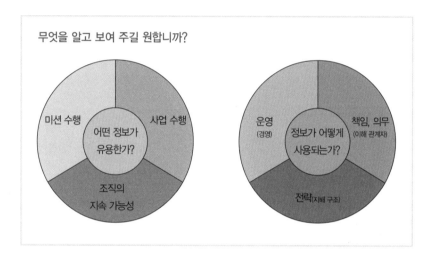

사업 수행의 관점

재정과 사업 수행의 관점은 기업의 성공에 대해서 무엇을 말해 줄 수 있을까? 예를 들면 기업이 재정적으로 성공할 수 있는지 이해하기 위해 비용, 수입, 자산, 부채, 현금 흐름 등을 측정하길 원할 것이다. 계획 단계에서 추정 재무제표를 작성했듯이, 관련 재무 사항을 준비하는 것도 바로 이러한 이유에서이다. 또한 판매 트렌드와 고객(고객에 의해 활용되는 프로그램), 회사 운영의 안전성, 효율성, 생산과 서비스의 질과 같은 중요한 요소에 대해 알고 싶을 것이다. 아래에 이 영역에서 알고 싶고 보여 주고 싶어 할 것에 대한 질문들을 모아 보았다.

- 상품과 서비스의 질이 고객의 기대를 넘어서는가?
- 소수의 특정 고객에게만 의존하는 것이 아닌 다양한 고객층을 확보하고 있는가?
- 적절한 시기에 비용을 지불하고 있는가?
- 적절한 이익률을 보장하는 제품이나 서비스를 보유하고 있는가?
- 기존 고객을 유지함과 동시에 새로운 고객 수를 늘려 가고 있는가?
- 제품과 서비스를 정시에, 예산에 맞춰서 배달하고 있는가?
- 운영의 효율성은 어떠한가? 좀 더 나은 일정, 장비, 팀워크로 개선될 수 있는가?

미션 수행의 관점

기업의 미션 사명서의 사회적·문화적·환경적 목표에 기여하는 사회적기업의 능력은 어떤 정보를 통해 알 수 있는가? 이는 영향력을 끼치고자 하는 분야를 식별하는 것에서부터 시작한다. 그 분야는 고용, 교육, 건강, 환경 등이거나 혹은 복합적인 영역일 수도 있다. 예를 들면 환경에 초점을 맞춘 기업은 지역 공동체가 환경적으로 지속 가능한 실천을 하는지 알기 원할 것이다. 반면 위험에 처한 청소년을 고용하는 것에 초점을 맞춘 기업이라면 인구 중에서도 특히 청소년 고용을 목표로 좀 더 발전하길 원할 것이다.

이처럼 초기에 세운 틀은 다양한 직원을 참여시키게 할 뿐만 아니라 핵심 주주 중 몇몇 대표도 참여할 수 있는 좋은 기회를 제공한다. 당신 기업의 창업자들도 이렇게 포함시켜서 비용 및 능력에 대해 이야기하라. 특히 장래에 성과 측정을 맡을 사람을 직접적으로 참여시켜라. 그렇게 해야 그들이 자극을 받고 각 과정에서 명확한 이해를 바탕으로 가치를 세울 것이기 때문이다.

영향력을 끼칠 분야를 정의한 후에는 시간의 흐름에 따라 추적하고 평가할 수 있는 구체적 분석 분야를 정할 필요가 있다. 예를 들어 고용 장벽에 직면한 사람들에게 직업을 제공하는 기업은 제공된 직업의 수, 임금이나 작업 환경과 같은 직업의 질, 소득 지원을 받을 수 있는 대상 직원의 수 등이 분석 분야가 될 수 있다. 특정 종류의 기업과 연관된 개념적 프레임워크는 지속 가능한 생활 프레임워크(sustainable livelihoods framework)로 각 개인이 어디에 있는지, 그들이 어디로 가기를 원하는지, 그리고 어떻게 거기에 가는지 알려 주기 위한 유용한 환경을 제공하는 자산 기반 접근법이다.

조직의 지속 가능성의 관점

장기간 목표를 달성하게 해 줄 자원을 개발하고 유지하고 있는지 알 수 있는 정보는 무엇일까? 기업 자체의 지속 가능성과 기업을 운영해 나가는 조직의 지속 가능성을 사용할 수 있다. 예를 들어 기업의 적절한 인력 자원 구축을 확인하기 위해 직원들이 회사에 얼마나 오래 근무하는지, 직원이 전문성 개발을 위해 활동하는지, 이사회 구성원과 이사회 모임을 정기적으로 가지고 있는지를 알고자 할 것이다.

이러한 관점으로 기업과 그것을 운영하는 비영리 모조직 간의 관계를 살펴봐야 할 것이다. 몇 가지 간단한 데이터 영역은 다음과 같다.

- 현금 흐름이 어느 방향으로 일어나고 있는가? 당신의 기업 방향으로 흐르는가 아니면 조직으로 흐르는가?
- 기업 활동의 결과로 상위 조직에 어떤 기술들이 추가되었는가?
- 기업이 직·간접적으로 서비스가 필요한 고객을 창출했는가?

조직의 성과 측정 단계와 관련된 질문은 다음과 같다.

- 당신이 활동하는 지역 사회는 기업과 그 기업을 운영하는 조직의 다양한

동기를 어떻게 바라보는가?

- 조직이 고객을 끌어들이고 자금을 유치하는 데 어떤 문제나 논쟁거리가 있는가?
- 이사회의 능력이 향상되었는가?

무엇을 보여 주기를 원하는가

"이사회는 '와! 정말 우리가 이걸 다했어?'라고 말한다. 이사회에게 대시보드(dash board)는 우리 프로그램의 영향력에 대한 폭과 깊이를 보여 주는 좋은 방법이다."
−Heather O'Hara, 상임이사, Potluck Café Society

두 번째 가치 설명 렌즈는 당신이 모은 정보를 어떻게 사용할지 결정하는 데 도움을 준다. 즉, 사람들이 정보가 필요할 때 해당 정보를 가질 수 있게 하기 위해서 기업에 어떤 보고 체계가 필요하냐는 것이다. 경우에 따라서 동일한 정보가 다른 사람에 의해 다른 목적으로 사용될 수 있다. 이러한 요구에는 어떤 것이 있으며 어떻게 하면 효율적으로 반응할 수 있는가? 다양한 사람의 요구에 부응하기 위해 어떤 종류의 보고 체계를 만들 것인지 시간을 가지고 생각하라. 세 가지 관점에 따라 성과 정보가 다뤄질 수 있고 사용될 수 있다.

운영적 관점

매일매일 결정을 내려야 하는 관리자와 직원을 지원하기 위해 어떤 보고 체계가 필요할까? 예를 들어 관리자가 비용, 품질, 미션 공유를 꿰뚫어 보기 위해서는 어떤 정보가 필요한가? 어떻게 하면 정보를 쉽게 찾을 수 있을까? 정보를 재점검하고 정보에 입각한 결정을 내리기 위해 어떤 과정이 필요할까?

전략적 관점

이사회와 같은 지배 조직이 내린 전략적 결정을 지원하기 위해 어떤 보고 체계가 필요할까? 전형적으로 그들의 결정은 오랜 시간이 걸리며, 조직의 주요 목표와 방향을 설정한다. 이사회 구성원처럼 결정을 내리는 많은 사람은 조직의 일상적인 활동에는 참여하지 않으므로, 이 보고는 그들에게 당시의 중요한 트렌드나 사건들을 정확히 제시하고 알려 줘야 한다.

책임의 관점

책임을 아주 중요한 문제로 여긴다는 것을 보여 주기 위해 어떤 보고 체계가 필요할까? 책임을 강조하는 것은 회사에 대한 지지율을 유지해 주고 증가시켜 주는데, 여기서 지지란 투자자, 지역 사회 구성원, 고용인, 회사에 의한 수혜자들의 지지를 말한다. 이 정보는 다른 사람들에게 당신이 무엇을 하고 있는지 알려 줄 것이며 당신이 하는 활동의 가치를 보여 줄 것이다. 그래서 당신이 하고 있는 것을 어떻게 설득력 있는 방법으로(명확하고 정직하고 간결하게) 보여 줄 것인지 고려해 보는 것이 중요하다. 대중이나 투자자는 당신이 누구인지 그리고 당신이 달성하고자 하는 것이 무엇인지에 대해 아주 제한된 정보만 가지고 있을지도 모른다. 때문에 당신이 전달하는 이야기는 매우 또렷하고 명쾌해야 한다.

과정과 수단

가치 설명 도구 상자는 성과 측정 시스템을 설계할 때 도움을 줄 수 있는 템플릿과 예시, 그 외 세부 사항들(www.demonstratingvalue.org를 보라)을 포함하고 있다. 도구 상자는 현재 8권의 안내 책자로 구성되어 있으며 나머지는 계획 단계에서 확인할 수 있다.

정보 청사진 템플릿
필요한 정보와 그 정보를 어떻게 워크북에 맞출 수 있는지를 명확하게 그리는 데 도움을 준다. 정보 청사진 템플릿(information blueprint template)과 안정화 루트 견본(stable roots example)을 다운받아라. 이 청사진을 만드는 활동이 기업을 알고 감독하는 데 무엇이 중요한지 발견하게 해 주는 주요한 출발점이다.

가치 설명 스냅샷 가이드 개발
가치 설명 스냅샷을 개발하는 데 도움을 주는 가이드나 워크시트를 말한다. 가치 설명 스냅샷이란 조직의 성과와 가치를 이사회와 설립자 그리고 직원들에게 설명하기 위한 단순한 시각적 방법이다.

사회적기업을 위한 재정 정보
재정 분야의 모범 사례를 포함해서 사회적기업의 재정 성과와 정보를 모으는 데 도움을 줄 가이드나 워크시트를 말한다. 워크시트는 할인, 기부금, 자원 봉사 시간과 같은 회사의 재정 상황에 기여한 모든 것을 식별해 주고 사회적 비용을 측정하는 데 도움을 줄 것이다.

모니터링 관련 아이디어 도서관
조직의 업무 수행 및 미션 관련 수행과 조직의 지속 가능성을 이해하기 위해 어떤 것을 모니터링할 수 있는지에 대한 많은 아이디어를 제공한다. 이 자료는 모니터링에 대한 큰 틀과 조사를 위한 수단, 작업이 어떻게 진행되는지 파악할 수 있는 지표들도 포함하고 있다.

조직의 지속 가능성 평가 도구
자가 평가 도구는 조직의 장기적인 지속 가능성을 고려할 때, 중요한 자본 자산(인적 자원, 조직 자본, 금융 자본, 사회 자본, 지적 자본)을 어떻게 구축할 것인지 살펴보는 데 도움을 줄 것이다.

사회적기업과 비영리 상위 조직 간의 관계 평가
비영리 조직은 다양한 이유로 사회적기업을 창업한다. 기업을 시작하는 것에 대한 조직의 기대 사항을 점검하고 사회적기업이 조직에 무엇을 가져다 줄 수 있을지 토의하기 위해 이 평가법을 사용하라.

모니터링에서 사생활과 기밀
만약 개인 정보를 수집하고 사용하기를 원한다면 혹은 이미 수집하고 있다면, 여러가지를 고려해야 한다. 이 가이드는 당신이 무엇을 알아야 하는지 알려 줄 것이다.

왜 자신이 중요한가?—구체적으로 당신의 영향력을 그려 보자
이 워크시트는 당신의 활동과 목표를 이어 주고, 환경적 혹은 사회적 임무를 좀 더 명확하게 설명하는 데 도움을 줄 것이다. 기업이 어떻게 가치를 창출해 내고 더 큰 사회적·환경적 변화로 연결될 수 있는지 보여 주는 데 도움이 될 것이다.

결론

이 장에서 지루하리만큼 계속 강조한 것으로 알 수 있듯이, 사회적기업은 실제로 사회적 목표를 달성하는 정말 좋은 방법이다. 어려움 중 하나는 사회적기업이 우리 사회에 아주 중요한 특징이 되어서 더 나은 사회를 만들고 있다는 실질적 결과에 대한 고급 문서의 수요가 점점 증가하고 있다는 것이다. 다른 이유는 사회적기업의 활동과 기술에서 우리의 평가가 공정하면서도 다양한 방법으로 접근해야 하기 때문이다. 우리는 사회적기업의 실제 성과를 확인하는 방법에 대한 토의를 통해 이러한 문제에 당면한 여러 도전들이 극복될 수 있기를 희망한다.

추가 자료

추가 자료를 원한다면 아래에 제시된 몇몇 접근법과 네트워크 자료를 사용해도 좋다. 각각의 접근법은 서로 다른 단어들을 사용하고 있지만 예시들을 조금만 주의 깊게 살펴본다면 이 접근법들이 많은 점을 공유하고 있음을 알게 될 것이다.

접근	무엇을 측정하는가?	주요 특징	누가 후원하는가?	추가 정보
사회적 투자 수익률(SROI); 캐나다 SROI 네트워크	금융 투자 대비 사회적·환경적 순이익을 금전적으로 계산한다.	이 방법론은 평가와 예측, 목표를 계획하는 데 사용될 수 있고, 창조된 가치를 극대화하는 조직의 노력을 위한 도구로서 사용될 수도 있다. SROI의 결과는 프로젝트의 가치와 달성된 결과의 내적·외적 의 사소통을 증진시킨다.	Canada and UK SROI Network Robert's Enterprise Development Fund(REDF) SIMPACT Strategy Group Social Venture Technology Group(USA) Social-valuator TM Netherlands	stephanie@ simpactstrategies. com www.blendedvalue. org www.redf.org simpactstrategies. com www.svtgroup.net www.socialevalua tor.eu SROI를 도와주는 인터넷 기반 도구
사회적 매트릭스	사회적 영향력 측정의 이해에 대한 명확한 출발점을 제공한다.	Social Entrepreneurship Series의 일부이다. Real World Systems 가 이 연구로 데이터베이스를 구축했다.	SIG@Mars: Social Innovation Generation Unit at Mars	www.marsdd.com/ buzz/reports/ socialmetrics 사회적 영향력을 측정하는 시리즈 중 첫 번째 것이다.
Impack Reporting and Investment Standards (IRIS)	'영향력 있는 자본'의 성과를 정의하고 추적하며 보고하기 위한 기본적인 틀 조성에 기여한다.	사회적 성과와 환경적 성과에 대한 보고를 위해 모델과 지침을 제공한다.	Rockefeller Foundation Acumen Fund B Lab	http://iris-standards.org/ http://www. bcorporation.net/
프로그램 평가/결과 측정	프로그램과 서비스의 중·단기적 이익과 장기적 이익을 알려 준다.	프로그램 평가는 프로그램의 목표와 진척과 영향을 연구하는 공식화된 접근법이다. 프로그램의 활동이 어떻게 지역 사회의 장기적 변화와 연결될 수 있는지 구조화한다. 기업 상황에 따라 수정될 수 있는 논리적 형태이다.	Seedco United Way of America Canadian Outcomes Research Institute Canadian Evaluation Society New Economics Foundation, UK. Tool Factory	www.seedco.org www.national. unitedway.org/ outcomes/ www.evaluation canada.ca www.proveand improve.org(on-line impact map) www.thetoolfactory. com(Social Impact Tracker reporting software)

접근	무엇을 측정하는가?	주요 특징	누가 후원하는가?	추가 정보
벤치마킹	어떤 기업이 사용한 과정과 다른 기업이 사용한 과정을 비교한다.	효율성 검토를 위해 다른 사업과의 파트너십 구축을 포함한다.	대규모 생산 과정을 거치는 산업에 사용된다.	www.benchmarking network.com
균형 성과표 (BSC)	내부 과정을 외부 주주들에게 보이는 미션과 맞춰가기 위한 정보 기반 피드백 루프를 만든다.	기업의 미션에 따라서 목표를 정하고 내적 지표와 외적 지표에 대한 진척을 추적한다.	The Balanced Scorecard Institute Social Enterprise London(UK)이 사회적기업을 위한 대시보드를 만들었다. 영국의 사회적기업이 균형 성과표의 단순화된 버전을 기반으로 고용 관련 사회적기업을 위해 소프트웨어를 개발했다.	www.sel.org.uk www.socialfirms.uk www.balanceds corecard.org
지속 가능한 생활 프레임 워크	지속 가능한 생활을 인식할 수 있는 사람들의 자산, 장애물, 개선에 대해 다룬다.	프로그램 설계와 성과를 개선시키기 위해 개개인을 인터뷰하고 이를 순차적으로 기록한다.	Department for International Development(UK)	www.livelihoods.org www.ekonomos. com
Triple Bottom Line	사회, 환경, 금융, 세 가지 분야에 미치는 전반적 영향을 알려 준다.	기업의 고의적 효과와 고의적이지 않은 효과를 인식하고 분리한다.	민간 부문에서 자주 사용된다.	www.bsdglobal. com
사회 회계와 감사(지속 가능성 보고)	조직의 사회적·환경적 영향과 관련된 것이다.	기업의 효과에 대해 체계적으로 분석하고 보고한다. 제3자에 의한 보고는 감사 절차를 거치게 된다.	Global Reporting Initiative AccountAbility	www.globalreporting.org www.account ability21.net

접근	무엇을 측정하는가?	주요 특징	누가 후원하는가?	추가 정보
NESsT	금융에 대한 영향, 금융의 지속 가능성, 사회적 영향, 조직의 지속 가능성과 같은 네 가지 영역에서의 영향력을 평가한다.	기업의 조직적·사회적·업무적 효과를 검토한다.	Non-Profit Enterprise and Self-sustainability Team	www.nesst.org/
사회적 자본 파트너 (social capital partners)	지속 가능한 생활과 SROI 접근법을 합친 것이다.	기준 지표를 만들기 위해 지속 가능한 생활의 프레임워크를 사용하고 그 후 다양한 사회적기업의 사회적 효과를 금융 용어로 옮기기 위해 SROI 분석을 사용한다.	Social Capital Partners(Toronto)	www.socialcapital partners.ca 이 사이트의 'ideas' 영역에서 ICR 통지표를 확인할 수 있다.

법적 환경

벤처 사업을 시작하는 비영리 단체는 기업을 조직하는 데 있어서 여러 법적 선택권을 가지게 된다. 이 장에서는 여러 법적 선택을 살펴보고 그와 연관된 다양한 법적 고려 사항을 짚어 볼 것이다. 이 장은 당신을 법적 환경에 익숙하게 만들기 위함이지 당신에게 법적 가이드를 제공하려는 목적이 아니다. 비영리 단체의 경우, 기업을 어떻게 조직해야 할지에 대해 법적인 상담을 받는 것이 매우 중요하다. 당신의 조직이 등록된 자선 기관이라면 자선 단체의 자격(charitable status)을 잃지 않기 위해 법적 상담을 받는 것은 특히 더 중요하다. 자선법을 다룬 경험이 있는 변호사를 찾아라. Canada Revenue Agency(이하 CRA)는 자선 단체 자격의 적합성에 관해 결정을 내린다. 다시 한 번 말하지만 이 장은 법적 자문의 대용이 아니다. 기업을 조직하고 운영하기에 앞서 각 분야에 익숙한 변호사로부터 법적 조언이 필요하다. 이 장을 통해 변호사와 효과적으로 의사소통할 수 있도록 도와줄 것이다.

이 장에서는

- 비영리 조직의 사업 활동에 대한 제약을 간략히 살펴본다.
- 자선 비영리 단체로서 고려해야 할 CRA 정책 및 지침을 설명한다. CRA는 사업과 기금 모금, 유료 서비스 활동을 구분하고 있다. 또한 당신의 사업이 자선의 미션과 관련되어 비영리 구조 내에서 허용 가능한지 혹은 자선의 미션과 관련이 없어서 아예 분리된 독립체로 설립돼야 하는지 설정해 준다.
- 교육사업, 사회사업 혹은 저가 필수품을 제공하는 사업이 주체적인(관련 사업과 반대로) 자선 프로그램으로 운영되어야 하는 독특한 상황에 대해 설명한다. 만약 사업을 운영하는 지역 공동체 경제 개발 조직이거나 '경제적으로 힘든 지역 사회'에 서비스를 제공하는 것이라면 CRA는 당신이 적용할 수 있는 구체적인 지침을 제공해 준다.

- 비영리 구조를 벗어나서 기업을 운영하고 싶을 때, 사업을 조직할 수 있는 다른 방법들을 토의해 본다.

요약

자선 단체의 자격이 없는 비영리 조직

자선 단체의 자격이 없거나 자격 신청을 하지 않은 비영리 조직이라면 다음과 같은 일을 할 수 있다(조직의 목적이 수익이 아니고, 어떤 이익도 구성원이나 관리자에게 분배되지 않는다는 조건에서이다).

- 아래에 설명된 제한 사항에 따라 비영리 구조 내에서 사업을 운영하면 된다.
- 사업을 운영하기 위해 분리된 비영리 단체나 협동 조직을 설립하라.
- 별도의 영리사업을 설립하라.

자선 단체의 자격이 있는 비영리 조직

자선 단체의 자격을 위해 지원했거나 이미 자격이 있는(연방소득세법의 149.1 조항에 명시되어 있는) 비영리 조직이라면 다음과 같은 일을 할 수 있다.

- 사업이 CRA가 내린 지침과 정책을 준수하는 경우, 비영리 조직 내에서 기업을 운영하면 된다.
- 사업을 운영하기 위해 분리된 비영리 단체나 협동 조직을 설립하라.
- 분리된 영리사업을 설립하라.

Strathcona Health Society는 스트래스코나 지역 사회에서 치과를 운영하는 자선 비영리 단체이다. 이 치과는 질 좋은 치료 서비스를 저소득층 가정에 제공한다. 치과는 밴쿠버 도심 지역에 있는 아이들에게 치료 서비스를 제공하는 데 중점을 두고 있다.

"조직의 법적 구조를 이해하는 것은 처음에는 꽤 단순했다. 그러나 첫 번째 조직과 관련된 두 번째 기업인 클리닉의 구조는 훨씬 더 복잡하다. 우리는 두 개의 사회를 원하지 않는다. 우리는 하나만 원하지만 동시에 처음의 조직을 지켜야 한다. 때문에 두 번째 클리닉 사업은 더욱 복잡하며 여전히 진행 중이다."
—Stephen Learey, 상임이사, Strathcona Health Society

비영리 조직 안에서 사업을 조직하는 것이 나은지, 아니면 별도의 구조가 나은지, 최선의 방법을 알기 위해서는 변호사에게 세부 정보와 조언을 구해야 한다.

비영리 조직과 벤처 사업

비영리 조직의 벤처 사업과 관련된 법률(CRA의 몇 가지 결정)은 아주 명확하지는 않다. 변호사가 이를 증명해 줄 것이다.

비영리 조직은 연방소득세법 149(1)(l) 섹션의 조건에 부합하는 독립체에 적용된다. 비영리 조직은 반드시 1) 자선 단체가 아니어야 하고 2) '이익을 제외한 어떤 목적'을 위해 '배타적'으로 조직되고 운영돼야 한다. 그리고 3) 기업의 수익을 분배하거나 구성원의 사적 이익을 위해 사용해서는 안 된다.

조직이 이러한 요구 사항에 들어 맞는다면 소득세가 면제되는 혜택을 누릴 수 있다. 등록된 자선 단체와 달리 비영리 조직은 기부에 대한 세금 영수증을 발행할 수 없고 자선 단체로부터 보조금을 받을 수도 없다. 하지만 비영리 조직은 자선 단체보다 행정적 · 법적 요구가 적다.

비영리 단체는 주로 지방 사회 법안에 통합되거나 캐나다법인법 Part II에서 대체된다. 이 지방 조례는 벤처 사업의 경우에 동일하지 않다. 예를 들어 BC Society Act에서 사회는 "이익을 위한 사업과 거래와 산업 혹은 직업의 목적으로 만들어져서는 안 된다."고 한다[2(1)(f) 섹션]. 또한 "사회적 목적의 부차적 사안으로서 사업 및 거래 혹은 산업 및 직업을 이행하는 것은 금지되어 있지 않으나, 철저한 고려 없이 어떠한 수익이나 배당금 혹은 자산 처분을 사회 구성원에게 배분해서는 안 된다."라고 말한다. 이것은 BC 조례하에 사회가 '부수적인' 사업 활동에 종사하는 것을 허락하는 것이다. 반대로 지방 기업 등록에 따르면 Nova Scotia Societies Act는 적어도 기증된 물품의 90%를 판매하지 못하거나 90%의 자원 봉사 인원을 포함하고 있지 않으면 어떠한 기업 활동도 허락하지 않는다.

그렇기 때문에 벤처 사업을 시작하기 전에 주정부의 설립 법안을 확인하는 것이 중요하다.

위에서 언급한 것처럼 연방 정부의 소득세법 해석에 대해 잘 알고 있는 것 또한 중요하다. 만약 CRA가 너무 많이 사업에 관여한다고 결정을 내리게 되면 그것을 영리사업으로 여길지도 모르는데, 이렇게 되면 소득세를 청구하게 된다. 요약하자면 연방 정부가 사업을 보는 관점은 지역마다 다를 수도 있다.

이 점의 주요 지침은 IT 496R(http://www.cra-arc.gc.ca/E/pub/tp/it496r/it496r-e.html)이다. 이 문서는 CRA가 비영리 단체의 사업 활동을 평가할 때 고려하는 요소에 대해 알려 준다.

등록된 자선 기관과 벤처 사업

자선 단체의 자격이 있는 비영리 단체이거나 자선 단체의 자격을 원하는 비영리 단체라면, 자선 단체의 관련 사업 활동을 계속 허용하는 적용 규칙과 자선법을 이해하는 것이 중요하다. 캐나다에 있는 자선 단체의 활동을 통제하는 소득세법과 CRA의 정책 보고서는 자선 단체가 단체의 자선 임무를 직접 달성하고 진행하기 위한 비즈니스나 상업(이윤을 발생시키는) 활동 이행을 허가한다. CRA는 '관련' 사업과 '비관련' 사업을 구분한다. 관련 사업은 자선 단체의 구조 내에서 허가되며, 관련되지 않은 사업은 허가되지 않는다.

자선 단체 내에서 기업을 운영하다가 그것이 연관된 것이 아니라고 결정이 나면 단체는 사업에서 발생한 소득에 대해 벌금을 부과당할지도 모른다. 혹은 자선 단체 자격이 상실되거나 등록이 취소될 수도 있다. 그러므로 기업 발전에 투자하기 전에 기업이 이미 존재하는 구조 내에서 운영될 수 있는지,

아니면 분리된 독립체를 설립해야 하는지 시간을 가지고 심사숙고하라.

CRA는 자선 목적을 어떻게 정의하는가

캐나다에서는 '자선'에 대한 법적인 정의는 없다. 대신 1601년 Statute of Elizabeth법과 영국 상원의 1891년 결정(British House of Lords 1891 decision)에 기원한 자선 목적의 네 가지 범주와 '항목'을 인정한다. 네 가지 목적의 형태는 아래와 같다.

- 빈곤 개선
- 교육 진보
- 종교 발전
- 지역 사회에 이익이 되는 다른 목적

CRA는 어떤 비영리 활동이 자선 활동으로 정의될 수 있는지(그래서 세금 혜택에 적합한지) 결정을 내리는 시발점으로 이 네 가지 목적을 계속 사용하고 있다. 또한 등록된 자선 단체의 사업 활동에 대해 어떤 결정을 내리는지에도 영향을 미친다.

CRA는 자선 단체의 사업 수행 여부를 어떻게 결정하는가

CRA의 지침이 자선 단체에 어떻게 적용되는지 이해하기 위해서 자선을 위한 노력과 함께 CRA가 사업 활동 용어를 어떻게 정의하는지 알아야 한다. CRA가 처음으로 하는 일은 당신이 시작하는 일을 실제 사업으로 간주할지 여부를 결정하는 것이다.

CRA정책진술서에 따르면, 자선이라는 맥락에서 '사업'은 '상품과 서비스를 제공하면서 수익을 창출하고, 이윤을 남길 목적으로 수행하는 상업 활동'을 포함한다. CRA는 특정 자선 활동을 사업으로 고려하는지 여부는 법원에서 결정된 특정 기준에 달려 있다고 말한다. 이 기준들은 다음과 같다.

- **의도된 활동 과정** : 어떤 활동을 하는 이유가 이윤을 창출하기 위해서인가? 만약 그렇다면 그것은 사업이라고 할 수 있다.
- **이익을 보게 될 가능성** : 어떤 면에서 이윤을 양산할 가능성이 보이는가? 만약 그렇다면 그것은 사업이라고 할 수 있다. 이익을 돌려받을 수 없게 짜여 있다면 그것은 사업이 아니다.
- **이익의 존재** : 만약 활동이 이윤을 창출한다면 그것은 일반적으로 사업임을 암시한다.
- **활동을 맡고 있는 개인 또는 조직의 경험과 전문 지식** : 만약 개인이나 조직이 지식이나 기술 혹은 경험을 위해 선택되었다면, 그 활동은 상업적이므로 사업이다.

사업을 정의하는 것 외에도, CRA는 자선 단체가 이윤을 양산하더라도 사업으로 여기지 않는 활동들을 설명한다. 이러한 활동들은 기금 모금이나 서비스 대가를 받는 프로그램이다.

예를 들어, CRA에 따르면 기부금 모금 활동은 상업 활동으로 간주하지 않는다. 그 이유는 기부자가 기여에 대한 대가로 상품이나 서비스를 기대하는 것이 아니기 때문이다. 이러한 활동이 상업적이지 않기 때문에 이것은 사업이 아니다. 이와 같이 만약 자선 단체가 기부된 물품을 팔아도 이것은 일반적으로 상업 활동으로 간주하지 않는다. 기업이 상품을 만들기 위해 기부에 의존하는 것이 아니기 때문이다. 나아가 자선 단체가 기부된 물품을 파는 데 있어서 사업 경영과 관련된 위험이 일어나지는 않을 것이다. 이 두 가지 경우에서—기부금 모집이나 기증 물품 판매—이러한 활동은 사업이 되지 않을 것이다.

이와 유사하게 CRA는 자선 단체가 프로그램 제공에 대한 요금을 청구하는 것을 인정한다. 그러므로 요금을 징수하는 것을 무조건 자선 프로그램으로 보지 않거나 자선이 사업에 관여되어 있다고 여기지 않는다. 주요 질문은 그 프로그램이 자선의 두 가지 특성을 계속 보여 주는지 여부이다. 두 가지 특성이란 이타주의와 공익이다. 이 두 가지 특성이 더 이상 눈에 띄지 않는다면 그 활동은 사업으로 간주될 수 있다. 비용을 포함하고 있는 자선 프로그램이 사업이 아닌 경우에 관한 몇 가지 지표가 있다.

- 요금 구조가 이익을 창출하기보다 프로그램의 기본 비용을 부담하도록 설계되어 있다.
- 프로그램은 시장에서 이용 가능한 서비스나 유사 서비스를 제공하지 않는다.
- 시장성이 아닌 자선을 목표로 요금이 정해져 있다.

CRA가 자선 단체의 사업 수행 여부를 정할 때 고려하는 두 가지 기본 요소는 활동이 상업적인지, 이윤 창출을 위해 일하고 있는지 여부이다. CRA가 고려하는 다른 중요한 요소는 활동이 지속적이고 정기적인지 여부이다. 그러므로 기금 모금 행사가 사업 활동이긴 하지만(수입을 얻기 위해 상품과 서비스를 판매한다는 점에서), 만약 그 행사의 목적이 기금을 조달하는 것이고 행사가 그 자체로 끝나지 않는다면, CRA는 그것을 사업으로 보지 않는다. 다음과 같은 요소들이 고려된다.

기금 모금 활동과 서비스 요금 활동을 구분 짓는 요소

사업	기금 모금	서비스 요금
사업은 이윤을 얻을 목적으로 상품과 서비스를 통해 수입을 창출하는 상업 활동을 포함한다.	몇몇 기금 모금 활동은 수익을 창출하려는 목적이지만 사업화하려는 목적은 아니다.	요금은 많은 자선 프로그램에서 청구된다. 만약 자선의 두 가지 중요한 특징만 보여 주는 경우 프로그램은 자선으로 인정된다. 두 가지 특징은 이타주의와 공익이다.
사업은 이윤을 얻거나 아직 이윤을 창출하지 않았더라도 잠재적으로 이윤을 낼 목적을 가지고 있다. 이윤은 과거에 발생했다. 활동을 하는 개인이나 조직이 상업적인 지식이나 기술 혹은 경험이나 전문성을 가지고 있다.	기금 모금도 이윤 창출의 목적이 있으나 다음과 같은 활동들은 사업이 아니다. 기부 요청 : 상업적 활동이라고 할 수 없다. 기부자는 상품이나 서비스에 대한 기대를 하지 않기 때문이다. 기부 물품 판매 : 사업은 재고 품목을 기부된 물품에 의존하지 않고, 자선 활동은 사업과 관련된 위험을 가정하지 않으므로 상업적 활동이라고 할 수 없다.	비용 구조의 목적은 이윤을 창출하려기보다는 프로그램에 드는 비용을 지불하려는 것이다. 프로그램은 시장에서의 서비스에 뒤떨어지지 않는 서비스를 제공한다. 요금은 자선의 목적에 맞게 정해져 있다. 예를 들어 차등 요금제라든지, 비용 면제를 통해 사용자가 서비스를 이용 가능한지 확인한다.
'사업을 수행하는 것'은 상업적 활동이 지속적이고 정기적으로 운영되고 있음을 암시한다.	대부분의 기금 모금 이벤트는 사업 활동이라고 여기는데, 이는 수입을 얻을 목적으로 물품과 서비스를 판매하기 때문이다. 그렇지만 '사업을 수행'하고 있는 것이 아니기 때문에 관련 사업 조항에 영향을 받지 않는다. 기금 모금 이벤트는 명확한 출발점과 종료점을 가지고 있다.	

- 사업은 지속적인 반면에 기금 모금 행사는 명확한 시작점과 종료점이 있다.
- 기금 모금 이벤트는 사업에 다다를 만큼 규칙적이며 자주 되풀이되지 않는다.

자선 단체 내에서 사업을 운영할 수 있는가

CRA이 정의한 사업 활동을 하겠다고 결정했다면, 다음 단계는 자선 단체 내에서 사업을 운영할 수 있는지 결정하는 것이다.

CRA는 사업 활동의 자선 여부를 정의하는 '자금의 목적 검증'으로 자선을 판단하지 않는다. 이는 CRA가 사업으로 얻을 수입을 자선 프로그램 후원으로 사용하는 것은 신경 쓰지 않는다는 것을 의미한다.

소득세법[ITA 149.1⑵]에 따르면 자선 관련 사업 외 다른 사업을 실시하는 경우 자선 단체는 등록이 취소될 수 있다. 즉, 자선 단체가 관련 사업을 하는 것은 법에 의해 허가된다는 것이다. CRA는 조직이 적절한 사업(관련' 사업)을 하고 있는지 그렇지 못한(비관련' 사업) 사업을 하고 있는지 결정하는 데 도움을 주는 정책을 개발해 왔다. "관련 사업은 무엇인가?"-CPS-019.

관련 사업에 대한 CRA 지침뿐만 아니라 소득세법[ITA 149.1⑴]에서는 자선 단체가 사업을 이행하기 위해 고용한 모든 사람이 돈을 받지 않는다면 자선 단체의 목적과 관련 없는 사업을 운영할 수 있다고 구체적으로 명시하고 있다. 마치 자원 봉사자들처럼 말이다. 그러므로 자선 단체 구조 안에서 사업을 운영하기 원한다면, CRA에 따른 '관련 사업'의 요구 사항에 맞추든지, 자원 봉사자에 의해 운영되는 사업을 주관하는 ITA법의 두 가지 중 하나를 따라야 한다.

'관련 사업'이란 무엇인가

CRA는 '관련'되었다고 간주하는 사업의 특성을 정의한 정책 문서(이 장 끝에 게시된 자료)를 발행했다.

CRA는 두 가지 관련 사업을 인정한다.

- 자선의 목적과 연결된 사업과 그 목적에 종속된 사업
- 자원 봉사자가 많은 부분을 운영하는 사업

관련 사업은 언제 연결되고 종속되는가

연결되어 있는가

사업이 조직의 자선 목적과 연결되는지 여부를 확인하기 위해, CRA는 사업의 본질과 그것이 자선 목적과 직접적 관련성이 있는지 조사한다. CRA의 정책 진술서는 네 가지 형태의 연결을 인정한다.

1. **일반적이며 필요한 자선 프로그램** : 이것은 효과적으로 프로그램을 운영하는 데 필요한 사업 활동이나 프로그램에서 주어지는 서비스의 질을 개선하는 데 필요한 사업 활동을 포함한다. 이러한 종류의 사업의 예로는 병원 주차장과 카페테리아 그리고 박물관 기념품 가게 혹은 대학 서점과 같은 것들이 있다.

2. **핵심 자선 프로그램의 파생물** : 이것은 기관 자선 활동의 부산물인 자산을 사용하는 것을 말한다. 이것의 예는 교회에서 크리스마스 정기 예배를 녹화해서 판매 수익을 얻는 것이다. 이 활동은 관련 사업으로 정의되는데 왜냐하면 녹화는 교회가 성탄 예배를 드리는 자선 활동을 통해 만들어 낸 자산 혹은 부산물이기 때문이다.

3. **여분의 능력 사용** : 자선 프로그램을 수행할 때에는 자산이나 직원이 필요하지만, 그들의 능력을 제대로 사용하지 않는 기간 동안에는 소득을 얻기 위한 관련 사업에 여분의 능력을 사용할 수 있다. CRA가 제공한 하나의 예는 교회이다. 교회가 일요일 예배에 사람들을 수용하기 위해 아주 큰 주차장을 가지고 있다고 하자. 이 교회가 평일 동안 주차장을 빌려 주고 수입을 받는 것은 자선 단체의 관련 사업으로 인정받을 수 있다.

4. **자선 단체를 홍보하는 물품** : 연결된 사업 활동의 마지막 목록은 단체의 일을 홍보·광고하고 상징하기 위한 목적으로 물품을 파는 것이다. 펜, 티셔츠, 포스터, 쿠키, 기관의 이름이 명시되어 있는 신용카드, 로고, 단체의 일을 묘사한 이미지와 같은 물품을 파는 것은 단체의 자선 목적과 관련된 것으로 여긴다.

종속되어 있는가

CRA가 연결되어 있고 종속되어 있는 관련 사업인지를 결정하는 두 번째 특징은 기업이 단체의 자선 목적에 종속된 정도이다. 이를 위해 사업 활동이 전반적으로 자선 목적의 범위 내에서 시행되고 있는지 검토해야 한다.

만약 사업에서 자선 목적이 지배적이라면 CRA는 그 사업이 종속되어 있다고 여긴다. 생각해 봐야 할 네 가지 요소가 있다. 이 주장이 사업 활동을 더 강력하게 설명할수록 그 활동이 더 종속적이라고 여기게 되므로 관련되어 있다고 볼 수 있다(그것이 또한 '연결'되어 있다는 가정하에서).

1. **자선 단체 운영과는 대조적으로 사업 활동은 자선 단체의 자원과 관심의 아주 적은 부분만을 차지한다** : 이것은 다음과 같은 요소들을 고려해 볼 수 있다. 이사회 회의에서 어떤 주제가 중요하게 거론되는지 살펴보자. 그리고 자산과 지출과 사업에 최선을 다한 직원 시간의 비율, 사업과 자산 간에 얼마나 많은 자원이 분배되었는가도 고려해 볼 요소이다.
2. **사업은 그 자체로 독립적 단체이기보다는 자선 단체 운영에 통합되어 있다** : 조직 구조 밖에서 홀로 설 수 없는 요소를 고려하고, 시장에 있는 다른 사업과의 유사성 정도를 고려하라.
3. **자선의 목표가 사업 결정을 계속 지배해야 한다** : CRA는 조직의 자선 목적에서 벗어난 목표를 토대로 결정이 이루어지진 않았는지, 자선 단체의 프

로그램이 사업 활동의 이익을 위해 내린 결정 때문에 방향이 변하지는 않았는지 면밀히 검토한다.

4. **단체 운영에 들어가는 사적 이익을 허가하지 않고 오직 자선 목적으로만 계속 운영한다** : 기업의 직원과 조직의 직원 사이에 급여 차이가 있는지, 조직의 자선 목적에 이익이 되지 않는 이윤 추구 기업과 어떤 관계를 맺고 있는지 고려해야 한다. 또한 사업 초기 계획이 조직 내에서 나왔는지 밖에서 나왔는지 고려해 볼 필요가 있다.

> CRA의 종합적인 관점은 이 장 끝에 있는 CRA의 결정 나무 도표를 참조하기 바란다.

연결 및 종속된 관련 사례를 수립하기 위해 각 단체의 환경(자선 목적, 프로그램과 활동, 자산과 지출)에서 사업 활동을 검토하라. 이 지침은 일반적이며 해석에 따라 달라질 여지가 있기 때문에(좋게 생각될 수 있는 부분이다) 항상 정답이 있는 것도 아니고 많은 활동이 모호한 상황으로 갈 수도 있다. 다시 한 번 말하건대 새 기업을 설립하기 전에 변호사와 함께 CRA와 관련된 사건을 상담하고 토의하기 바란다.

자원 봉사자가 사업을 운영할 때

위에서 언급된 관련 사업 기준에 들어맞지 않더라도, 자원 봉사자들이 운영한다면 CRA는 이를 인정해 줄지도 모른다. 앞에서 말했던 것처럼 소득세법은 설령 사업과 자선의 목표가 아무 연관이 없더라도 자원 봉사자가 운영하는 사업은 관련 사업으로 허가해 준다. 이 경우 가장 중요한 특징은 사업의 상당 부분을 자원 봉사자가 운영해야 한다는 것이다. 일반적 규칙에 따르면 상당 부분이란 직원의 90% 정도가 자원 봉사자여야 한다.

예를 들어, 10명 정도의 풀타임 직원이 있지만 급여를 받는 사람은 오직

한 사람인(보통은 운영 관리자) 중고품 할인 상점은 관련 사업으로서 자격을 부여
받을 수 있다. 이유는 직원의 90%가 자원 봉사자이기 때문이다. 이러한 종
류의 관련 사업은 자선 단체의 자선 목적과 꼭 연관되어야 할 필요는 없다.

'관련되어 있지 않으면' 어떻해야 하는가

만약 위에서 토의한 관련 사업의 어떤 기준에도 부합하지 않고 기업 운영의
제1목적이 이윤을 창출하는 것이라면, 그것은 관련되지 않았다고 간주한다.
그러므로 사업 이윤의 궁극적 목적이 회사의 자선 활동을 위한 것이라도 자
선 구조 내에서에는 허락될 수 없다.

미국을 포함한 다른 많은 나라에서 자선 단체는 자선 조직 구조 안에서 비
관련 활동을 수행할 수 있지만, 비관련 사업의 수입에 대한 소득세는 내도록
되어 있다. 하지만 캐나다에서는 적용되지 않는다.

CRA 지침에서는 비관련 사업 활동은 철저히 자선 단체 외부에서 행해야
한다고 요구한다. 이것은 분리된 사업 독립체를 세워야 할 필요가 있음을 말
한다. 이 장 초반에서 언급했듯이 자선 단체가 법인화된 비관련 벤처를 독립
적으로 소유하고 운영하는 것은 합법적이다.

지역 사회의 경제적 발전-자선 프로그램으로서의 사업

조직이 지역 사회의 경제 발전(경제적 · 사회적 목적이 혼재한 발전) 분야에 참여한다
면, 지역 사회에서 기업을 운영할 수 있을 것이고, 이것은 기업의 자선 프로
그램으로 인정될 것이다.

- CRA 가이드는 몇몇의 경우에서 사회적 · 경제적 문제를 다루는 지역 사회의 경제 발전 조직에서 운영하는 프로그램이 자선이 될 수 있다고 말한다. 또한 큰 자선 목적 내에서 다양한 종류의 사업이 자선이 될 수 있다고도 말한다.

이 섹션에서 우리는 이러한 종류의 기업을 하나하나 토의할 것이다. CRA는 사업이 자선 프로그램이 될 수 있는지의 여부를 결정하기 위해 다음과 같은 다양한 요소를 고려한다.

- 실업 완화 : CRA는 **교육사업**을 허가한다.
- 상점 운영을 통한 빈곤 개선 : CRA는 **저렴한 필수품을 제공하는** 사업을 허가한다.
- 장애가 있는 사람의 안정 : CRA는 **'사회적 사업'**이라고 불리는 것을 허가한다.
- 경제적으로 힘든 지역 사회의 고통 완화 : CRA는 **'경제적으로 힘든 지역 사회' 내에서 행하는 몇몇 전문적/상업적 지역 사회 서비스와 사업**을 허가한다.

> 좀 더 많은 정보를 위해 CRA에서 출판한 CRA, Registered Charities: Community Economic Development Programs, RC 4143(e), December 1999.를 참조하라. www.cra-arc.gc.ca/E/pub/tg/rc4143/README.html.

무엇이 '교육사업'인가

교육사업은 취업률을 높이기 위해 고객에게 현장 훈련을 제공하는 것을 말한다. 사업의 지배적 목적이 훈련을 제공하는 것이라면 이 기업은 자선 활동을 하고 있다고 보지만, 만약 기업이 자선 활동을 위한 이익을 양산하거나 정규직 고용을 제공하려는 의도라면 이것은 자선 활동이라고 인정하지 않는다.

자선적 교육사업은 다음과 같은 특징이 있다.

• 참가자는 한정된 기간 동안에 고용되는 것이지 정규직으로 고용되는 것은 아니다.
• 현장 훈련은 훈련 전이나 훈련 중에 교실 수업과 같은 다른 종류의 자원이 수반되어야 한다(예 : 작업 기술, 생활 기술 등). 그리고 훈련 기간이 끝난 후 직업 소개를 지원하는 서비스가 제공되어야 한다.
• 사업에 참여하는 대부분의 노동자는 대상 집단으로 구성되어야 한다(일반적으로 적어도 70% 정도).
• 수입은 손익 분기점을 크게 넘지 않는다. 기업이 비용을 대고 보유금을 구축하기 위해 약간의 흑자를 낸다.

CRA는 교육사업이 자선을 기반으로 운영되는지 결정하기 위해 한정된 기간 동안의 고용과 70% 규칙이라는 개념을 가장 중요한 결정 요소로 본다.

'저렴한 필수품을 제공'하는 것이란 무엇인가

CRA는 저렴한 필수품을 제공하는 사업을 자선 프로그램으로 인정한다. 예를 들어 중고품 할인 상점과 그와 비슷한 아울렛을 운영하는 것이 자선 활동이 될 수 있다. 만약 상점이 다음과 같은 조건을 만족한다면 말이다.

• 저소득 지역에 위치한다.
• 기부된 물품을 낮은 가격으로 판매한다.
• 손익 분기점 수준으로 운영한다.

가게를 주로 기금 모금의 수단으로 운영하는 것은 자선 프로그램으로 여기지 않음을 주의하기 바란다.

'사회적 사업'이란 무엇인가

CRA의 정의에 따르면 사회적 산업이란 영구적이고 지원적인 고용을 통해 장애가 있는 사람의 욕구를 다루는 것을 말한다. 일반적으로 이 사업의 목적은 고객에게 소득을 벌 기회를 제공하는 것뿐만 아니라 그들의 자아 존중감과 경쟁력 그리고 독립성을 키워 주기 위함이다.

사회적 사업은 보통 서비스를 제공하지만 제조 사업 또한 사회적 사업이 될 수 있다. 자선 사업으로 인정받기 위해 사업은 전형적으로 다음과 같은 특징이 있어야 한다.

- 노동자의 특정 욕구를 고려하기 위해 조직된다.
- 소득으로 노동자의 임금을 제공하겠지만 기업은 보조금을 받게 된다.
- 노동자는 거의 육체적 · 정신적 · 발달적 장애가 있는 사람들로 구성된다.
- 기업은 노동자의 기술을 증진시켜 주거나 그들의 복지에 기여하는 추가적 교육이나 서비스를 제공한다. 그리고 노동자를 의사 결정 과정에 포함시킨다.

자선 단체 자격에 지원하기

Potluck Café가 2001~2003년 사이에 자선 단체의 자격을 부여받게 된 경험을 되살려 보고자 한다.

CRA는 초기에 Potluck Café의 자선 단체 자격 신청을 거절했다. 그러나 Potluck이 그를 대신해서 합법적인 단체를 개입시킨 것은 큰 행운이었다. Potluck을 대신해 법률 사무소가 CRA와 1년에 걸쳐 편지를 주고받았고, 최종 결과로

Potluck이 자선 단체의 자격을 부여받게 된 것이다.

처음에 CRA는 구체적인 명시 없이 Potluck이 자선 단체 자격을 부여받지 못할 것이라고 말했는데, 그 이유는 Potluck이 사업을 운영하는 것처럼 보였기 때문이다. CRA는 우리가(Potluck이) 사내(社內) 훈련을 제공하는 것 같아 보인다고는 했지만 구체적으로 무엇을 하는지 충분한 정보를 제공하지 못했다. CRA는 사내 훈련을 통해 누구에게 이익을 주는지 더 알기를 원했고, 사내 훈련이 어떻게 조직되었는지, 얼마나 오랜 기간에 걸쳐 시행되는지, 그리고 사내 훈련을 받은 사람들이 이후에는 어떻게 변화되는지 더 알기를 원했다. CRA는 다운타운이스트사이드에 대한 설명 없이 사내 훈련 기간에 대해 문제를 제기했다. 그들은 "사내 훈련이 2년이나 걸린다는 것은 매우 드문 일이고 특히 기술적인 것이 높지 않은 분야에서 그러한 것이 더욱 이상하다."고 말했다.

Potluck이 한 가장 첫 번째 일 중 하나는 목적을 전달하는 단어를 고치는 일이었다. 자선 단체의 자격을 위해서는 조직의 목적이 직업을 제공하는 것 대신에 훈련하는 것이어야 한다. CRA에 따르면 사내 훈련은 교실 훈련과 일정 시간 동안의 고용과 훈련이 끝난 후 직업 소개를 포함해야 한다. 그래서 사내 훈련 프로그램의 본질과 타임 라인, 세부적 모듈, 결과, 성과와 같은 것들을 입증할 수 있는 광범위한 정보를 제공했다.

또한 밴쿠버의 다운타운이스트사이드가 '경제적으로 힘든 지역 사회'라는 것을 보여줘야만 했다. 많은 사람들이 실업자이고, 가난한 세대가 많고, 약물 중독, 정신병, HIV/AIDS와 같은 다양한 장벽을 가지고 있는 다운타운이스트사이드에서 훈련 효과를 명시화하기 위해 엄청나게 노력했다.

이러한 것을 모두 한 후에도 CRA는 Potluck이 '고용하기 힘든' 사람들에게 사내 훈련을 제공하기 위해 영리 사업을 운영한다고 단정 지었다. 우리는 이 지역에서 제공되는 식사의 8%를 담당하고 있는 사실에 관한 정보를 제공했다. 고객이 음식을 받으려고 기다리는 것 대신에 '정상적으로' 차려진 보조받은 음식이 얼마나 중요한지 설명했고, 많은 일반인에게 사내 훈련을 제공하는 것의 가치를 설명했다. 음식 공급이 개개인을 다양한 종류의 경험과 능력에 노출시킬 수 있다는 것도 집어 내었다.

마지막 날에 CRA는 Potluck이 '고용하기 힘든' 사람들에게 사내 훈련을 제공하기 위해 영리 사업을 운영한다고 단정 지었다. CRA는 카페와 음식 공급 운영이 관련되든 관련되지 않든 사업으로 간주하지는 않았지만 그것을 조직의 자선 프로그램의 일부로 통합했다. Potluck을 '등록된 자선 단체 : 지역 사회 경제 발전 프로그램'이라는 팸플릿에 설명된 것처럼 사내 훈련 '사업'이라고 등록했다. CRA는 또한 밴쿠버의 다운타운이스트사이드가 "경제적 도전 공동체로서 자격이 있다."라고 말했다.

그때의 Potluck을 회상해 보면, 처음부터 자선법을 전문적으로 알고 있는 사람의 도움을 받을 수 있었다면 훨씬 더 쉬운 초기 진행을 할 수 있었을 것이다. Potluck의 경우에는 초기에 지원한 것이 거절당했다는 사실이 문제를 일으켰고, 2001년과 2003년에 걸쳐서 몇몇 문제를 명확히 해야 했다. 그러한 과정에서 Potluck은 지역 사회의 리더들로부터 추천서를 받았고 완벽한 지원을 받았다. Federal MP를 포함해서 개개인과 다른 조직으로부터 지원을 받을 때 마셜링 후원은 좋은 전략이다. 지역 공동체의 후원은 전반적으로 큰 틀을 완성하게 해 주며 조직이 지역 사회에 할 수 있는 가치 있는 기여를 보여 줄 수 있다.

'관련' 사업과 '비관련' 사업의 문제는 복잡할 수 있으므로, 모든 기초가 다 다루어졌는지 시간을 따로 떼어 확인할 필요가 있다. 만약 지원이 거절당한다면 전문가에게 도움을 요청하라. 타당한 경우일 수도 있고, 자선 단체의 자격에 지원할 수 있을지도 모른다. 하지만 자격을 얻는 근거는 당연히 더욱 명확히 할 필요가 있다.

'경제적으로 힘든 지역 사회에 있는 기업'은 무엇인가

비영리 조직은 CRA가 경제적으로 힘든 지역 사회(Economically Challenged Communities, ECCs)라고 명명한 곳에서 경제적 재개발을 추진하는 방법으로 기업의 자선 프로그램을 발전시킬 수 있다.

경제적으로 힘든 지역 사회는 실업률이 50%이거나 2년 이상으로 전국 평균 실업률보다 높은 지역 사회를 의미한다(CRA에서는 실업률 대신 노동 인구 참여율을 사용한다.).

CRA는 지역 사회가 경제적으로 힘든지 알아보기 위해 몇몇 사회적 스트레스 현상을 인정한다.

- 취업 연령 인구가 취업을 위해 다른 곳을 찾아 지역 사회에서 빠져나감으로써 인구의 감소
- 가정의 실패와 높은 비율의 가정 폭력(예 : 전국 평균보다 높은 비율)
- 일반적으로 높은 범죄율
- 정신 건강 문제와 자살을 포함한 높은 비율의 건강 문제
- 높은 비율의 알코올 중독과 마약 중독
- 양육 시설에 맡겨지는 아이들 수의 높은 비율

• 높은 학교 중퇴율

CRA는 이러한 지역 사회는 가용 주택의 부족과 의료, 사회, 오락 서비스와 시설의 비가동률과 공기 오염과 같은 부정적 지표들을 나타낼 수 있다고 말한다.

경제적으로 힘들다고 정의된 지역 사회에서 사회적기업을 통해 직접적으로 관련된 문제를 처리하기 위해 힘쓸 수 있다. 이 정책은 기업을 지역 사회 활성화의 수단으로 사용하는 조직에게 더 큰 유연성을 줄 수 있다. CRA가 제공한 예에 따르면, 특정 상황에서 '일반 상점, 은행, 우체국, 의사, 치과 의사와 같은 전문적·상업적 서비스' 인프라에 대한 지역 사회의 요구를 다룰 수 있다.

그러나 경제적으로 어려운 지역 사회에서 이러한 계획을 발전시켰기 때문에 당신의 사업 활동을 무조건 자선적이라고 가정해서는 안 된다고 CRA는 명확하게 말한다. 사업과 지역 사회가 CRA의 지침을 따르는 것을 증명하는 책임은 자선 단체에 있다. 다시 한 번 말하건대 가장 최선의 방법은 자선법에 경험이 있는 변호사를 찾아가 상담을 하는 것이다.

사회적기업 범주 요약

상업 활동 그리고/혹은 지역 사회 경제 발달 활동을 수행하는 자선 단체의 문제를 다룬 CRA의 출판물에 따르면 기업은 세 가지 범주로 나눌 수 있다. 그 범주는 다음과 같다.

그림에서 첫 번째와 두 번째 범주에 속하는 기업은 법적으로 자선 단체의 면세 구조 안에서 운영할 수 있다(이것은 사업 소득에 세금이 부과되지 않는다는 것을 의미한다).

세 번째 범주에 속하는 사업 활동은 자선 단체의 구조 내에서 행할 수 없

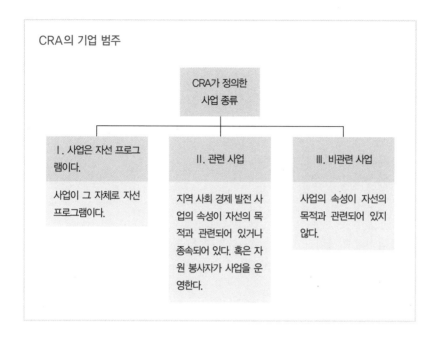

CRA의 기업 범주

CRA가 정의한
사업 종류

I. 사업은 자선 프로그램이다.

사업이 그 자체로 자선 프로그램이다.

II. 관련 사업

지역 사회 경제 발전 사업의 속성이 자선의 목적과 관련되어 있거나 종속되어 있다. 혹은 자원 봉사자가 사업을 운영한다.

III. 비관련 사업

사업의 속성이 자선의 목적과 관련되어 있지 않다.

고, 대신 상위 조직에 소속되어 자선 단체의 법적 구조에서 벗어난 곳에서 행할 수 있다. 그 사업은 세금을 부여받게 될 것이다.

비영리로 운영되는 대부분의 기업은 자선 프로그램이거나 관련 사업인 경향이 있다. 그렇지만 조직은 프로그램 수입의 새 원천을 끊임없이 찾기 때문에 관련되지 않은 사업도 점점 보편화되었다.

비영리 기업을 위한 법적 구조 : 기업 구조 선택

앞서 언급했듯이 기업 설립을 위해 몇몇 다른 법적 구조를 선택할 수 있다. 기업 구조를 선택하는 결정은 전반적으로 무엇이 기업과 조직에 최상인지에 달려 있다.

기업의 법적 구조에 대한 첫 번째 고려 사항 중 하나는 사업 활동이 위에서 살펴본 CRA의 자선 프로그램이나 관련 기업에 대한 CRA 기준에 부합하는가이다. 물론 고려해야 할 다른 몇 가지 중요한 요소들이 있다. 그 중 다음과 같은 항목도 포함된다.

- 사업의 주 목적(이익 산출 vs 고객 서비스)
- 조직이 기업에 미치기 원하는 영향력(통제력)의 크기
- 사업의 규모와 성장 잠재성
- 외부 금융과 자본에 대한 접근 필요성
- 조직이나 이사회가 기꺼이 받아들일 수 있는 위험과 부채 수위
- 사기업으로부터의 불공정 경쟁의 잠재적 인식을 포함한 지역 사회의 이미지와 평가에 대한 잠재적 효과

가장 처음으로 내려야 할 결정은 기업을 조직의 법적인 신분에서 분리하느냐 하지 않느냐이다. 만약 사업이 조직과 관련되어 있지 않다면 선택의 여지는 없다. 무조건 분리해야 한다.

다음 부분에서는 당신이 취할 수 있는 다른 옵션과 장 · 단점에 대해서 더 토의해 보자.

사내(社內)─분리할 필요 없음

캐나다에 있는 대부분의 조직은 사내 프로그램으로 기업을 운영한다. 그래서 기업은 조직의 이사회 직접 제어 방식하에 있으며, 조직의 법과 내칙을 따른다. 본질적으로 사업 활동은 다른 프로그램 및 프로젝트와 같은 방식으로 자선 단체의 법적 구조 내에서 수용된다. 다른 분리된 독립체를 생성하거나 등록할 필요가 없다. 이 옵션은 자선 단체의 기준을 맞추거나 관련 사업

활동의 기준을 맞춘 사업을 하는 기관에게만 개방되어 있다.

조직의 업무가 상당히 통합되어 있고(적어도 단기간 동안) 기존 프로그램을 보충하는 자선 사업 혹은 관련 사업 활동을 하는 기업들이 있다. 사내 기업을 운영하는 것이 이러한 초기 단계에 있는 작은 기업에게는 가장 적절한 선택일 것이다. 새로운 독립체나 이사회를 세울 필요도 없을뿐더러, 법인 비용을 부담할 필요도 없다.

가장 중요한 이점은 기업의 사회적 목적에 집중하는 것뿐만 아니라 관리와 운영을 더 많이 통제할 수 있다는 것이다. 게다가 직원, 공간 그리고 장비를 좀 더 융통성 있게 사용할 수 있다. 기업의 수입도 소득세에서 면제된다. 그리고 조직의 보조금과 다른 자산으로 기업을 후원할 수도 있다.

이 방법을 선택한 많은 조직은 사업 마케팅, 프로그램과 관련된 봉사 활동이 종종 동일시됨으로써 이득을 얻는다. 이것의 예는 지역 공동체의 병원이 예방 교육에 종사함으로써 그 병원의 서비스를 광고하는 것이다.

기업을 분리시키지 않고 사내에 두고 있는 것의 단점은 조직의 자산이 그대로 위험에 노출될 수도 있다는 것이다. 만약 기업의 손실이 발생하게 된다면 채권자는 해결책으로 조직의 다른 자산에 접근하려고 할 것이다. 비슷하게 부상, 법적 조치, 대중의 잠재적 위험 보상을 위해 자산을 청산해야 하는 결과가 발생할 수도 있다. 만약 이사회나 간부들의 태만으로 피해가 발생한다면 그 내용에 따라 전체 혹은 부분적으로 직접 법적 책임을 질 수도 있다.

그러므로 기업은 내재된 위험, 현 자산의 위험에 대한 노출 가능성과 같은 속성을 신중히 고려해야 한다. 기업을 분리된 법적 독립체로 만드는 것은 위험 요소를 따로 떼어 놓는 데 도움을 줄 것이다.

책임 보험과 옵션 또한 의사 결정의 부분으로 신중하게 검토해야 할 것이다.

분리된 독립체

이 섹션에서는 우리는 분리된 독립체의 네 가지 다른 종류에 대해 이야기할 것이다.

- 영리 자회사
- 분리된 비영리 사회
- 협동조합
- 합작 투자와 파트너십

영리 자회사

몇몇 사람들은 자선 단체가 사업을 수행하는 가장 안전한 방법이 분리 과세 기업(separate taxable corporation)을 통해서라고 한다. 이러한 접근으로 조직은 사업 활동을 하고 세금을 걷을 수 있는 새로운 사업 독립체를 합병하며, 기업을 소유하거나 통제할 수 있을 뿐만 아니라, 소유권의 공유와 이사회의 통제를 통해 궁극적 수혜자가 될 수도 있다. 기업 독립체는 세금을 내기 전에 모체가 되는 조직에 자선 기부를 할 수 있고 이윤을 모(母)소유자에게 분배할 수 있다.

CRA는 두 독립체 사이에 방화벽이 있어야 하며 자선 단체의 자산은 비(非)자선 독립체를 원조하거나 이익을 주는 데 사용하지 않을 것을 요구한다. 이것은 다음을 포함한다.

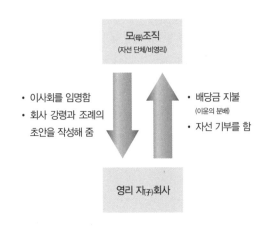

모(母)조직
(자선 단체/비영리)

- 이사회를 임명함
- 회사 강령과 조례의 초안을 작성해 줌

- 배당금 지불
  (이윤의 분배)
- 자선 기부를 함

영리 자(子)회사

- 분리된 이사회 혹은 적어도 모자선 단체의 이사회가 비자선 독립체의 이사회 구성원에 의해 통제받지 않는다. 모조직의 이사회 구성원은 기업의 이사로 임명될 수 있다.
- 혼란을 피하기 위해 뚜렷이 구별되는 이름
- 별도의 회원 혹은 주주
- 별도의 장비, 인력과 공간. 만약 기업이 모조직의 공간이나 직원을 사용한다면 공식 계약서가 있어야 하고, 기업이 모조직에게 서비스와 공간 사용료를 지불해야 한다.
- 재무 기록과 조직 기록(회의록, 계약서 등)의 세심하고 엄격한 관리
- 한 번 더 강조하지만 연방 법규는 지역의 법규와 다를 수도 있다. 이것이 해당 관할권에서 허용되는지 확인하려면 지방 법안을 검토하기 바란다.

요약하면 영리 자회사를 고려할 만한 몇 가지 이유가 있다.

- **사업 목적에 더 큰 집중** : 사업을 분리된 독립체로 떼어 놓으면 사업 목적에 더 집중하게 한다. 회사의 직원과 이사는 관심과 에너지를 모두 기업에 쏟아 부을 수 있다.
- **이사와 직원의 역량** : 기업의 성공을 지원하기 위해 꼭 필요한 전문성을 가지고 있는 이사회 임원과 직원을 유치하기가 더욱 쉬울 것이다.
- **부채** : 이 구조는 모자선 단체의 부채 가능성을 한정하고 분리할 수 있도록 도와준다.
- **자본 및 금융 접근성** : 기업의 창업이나 초기 운영을 위해 상당한 자본이 필요한 경우 기업 구조는 투자자와 함께 수익을 공유할 수 있으므로 새로운 투자자에게 접근할 수 있게 하고, 재무의 대안적 형태를 이용할 수 있게 해 준다. 그렇지만 기업은 자선 단체의 자격이 없기 때문에 보조금을

이용할 수 없을 것이다.

- **지역 사회의 이미지** : 이 구조는 민간 부문의 불공정 경쟁에 대한 인식을 줄일 수 있다.

이 접근법의 단점은 새 법인이 법인 소득세를 납부해야 한다는 것이다. 물론 세금 의무는 자선 단체로 돌아오는 자금의 양을 줄일 수는 있지만, 세금을 내는 것이 최악은 아니다. 그것은 기업이 돈을 벌고 있다는 증거이다. 소득세법에서 보면 법인은 연 순이익의 75%를 자선 기부에 의해 공제할 수 있다는 것을 명심하라.

다른 단점은 장소, 행정, 사원을 공유할 수 없다는 이유로 잠재 비용이 증가할 수 있다는 것이다. 특히 기업과 사회적 목적에 대한 권한을 잃을 수 있는 것은 외부인(이사회 임원과 투자자)이 의사 결정에 큰 힘을 가지고 있을 때 더욱 그러하다.

분리된 비영리 사회

CRA의 지침에 의하면, 사업이 관련되어 있는 경우 기업을 분리된 비영리 사회로 법인화하는 것이 또 다른 옵션이다. 모조직은 새 비영리 단체의 이사들을 임명함으로써 그들에 대한 통제를 유지할 수 있다.

이 선택은 모조직을 기업으로부터 어느 정도 분리시키지만(새 비영리 단체는 직원과 이사회를 가질 수 있다), 모조직은 기업의 관리와 운영 그리고 흑자의 지출에 대한 통제를 계속적으로 허용한다.

대신에 이것은 모조직과 사업 창립자가 기업을 조직에서 분리하여 그 운영과 관리를 분리시키는 방법일 수 있다. 예를 들어 모조직이 기업을 발전시키고 목표를 달성했을지는 몰라도, 더 이상 기업 관리에 연관시키고 싶지 않다고 생각해 보자. 그렇다면 조직은 분리된 이사회를 가진 분리된 비영리 단체를 세울 수 있다.

이전에 언급했듯이 만약 CRA에 의해 기업이 비영리라고 간주되고, 소득세법 내에서 세금을 공제받기 위해서는 비영리 조직을 해석하는 정책 문서를 참조하는 것이 중요하다(www.enterprisingnonprofits.ca에 게시되어 있다). 여기에는 면세를 받을 수 있는 비영리 기관으로서 자격을 갖추기 위한 조건들을 나열해 놓았으며, 오직 비영리 목적으로 조직되고 운영돼야 하는 것과 어떤 수입의 일부라도 비영리 단체 구성원의 사적 이익을 위해 주어져서는 안 된다는 사실을 포함하고 있다.

협동조합

이 장과 가이드 전체를 통틀어서 대부분의 정보는 비영리사업과 관련되어 있다. 많은 협동조합 또한 사회적기업이라고 간주된다. 그러므로 협동조합은 기업의 적절한 조직적 접근법이 될 수도 있다.

캐나다협동조합연합(Canadian Co-operative Association)에 따르면 '협동조합은 조합이 제공하는 서비스를 사용하고 이것으로 이익을 얻는 구성원들이 소유한 기업을 의미'한다. 협동조합은 사실상 모든 제품과 서비스를 제공할 수 있으며 비영리 단체이거나 영리 단체일 수 있다.

협동조합은 사적 자산과 지역 사회의 자산을 늘린다. 협동조합의 형태는 지역 사회를 위한 가치 있고 효과적인 도구이다. 이는 하나의 협동조합으로 많은 목적을 달성할 수 있기 때문이다. 첫째로 협동조합은 필요한 서비스의 전달과 새로운 일자리 창출 등 주요한 사회적 목표를 달성할 수 있게 한다. 둘째로 개인의 자산을 늘릴 수 있도록 도와준다.

Neechi Foods Co-op Ltd.는 호주 원주민의 노동 협동조합이자 위니펙에서 가장 잘 알려진 원주민들의 사업 중 하나이다. 이 상점은 오븐에서 갓 구운 배넉(빵의 일종), 줄풀(식물), 지역 과일과 야채, 매니토바산 생선, 특별한 잼, 수제 모카신, 원주민 예술품과 아이들의 책으로 잘 알려져 있다. Neechi Foods는(Neechi는 크리 족과 오지브와 족에게 '친구'를 의미한다) 1990년 일반 상점 운영으로 시작했다. 또한 Neechi Foods는 음식 바우처를 상품에 대한 지불 방식으로 받아들였고 지역 여성들이 만든 수공업품을 물품값이 적힌 표로 교환해 줌으로써 협동조합과 장인들에게 상호 도움을 제공해 주었으며 비공식적인 경제를 지원했다. Neechi Foods에 의해 만들어진 새로운 지역 사회 사업 단지가 북쪽 끝에 있는 위니펙 도심 지역에 2011년 오픈할 예정이다.

셋째로 협동적 의사 결정 기제를 사용함으로써 사람들에게 권한을 부여한다. 마지막으로 협동조합은 전반적 지역 사회의 복지에 기여한다.

BC협동조합연합(BC Co-operative Association)은 「협동조합과 자선단체법(Co-operatives and Charity Law)」이라는 출판물을 간행했는데 이것은 협동적 구조가 어떻게 CRA의 자선 단체 지침과 함께 운영될 수 있는지 말해 준다. 이 출판물에 대한 참조는 www.enterprisingnonprofits.ca에서 확인할 수 있다.

만약 협동조합을 선택했을 시, 협동 조직이 다음과 같은 기준만 만족시킨다면 자선 단체가 될 수 있음을 고려해 보기 바란다.

- 구성원의 이익이 아닌 자선의 목적으로 설립되어야 한다(즉, 비영리 단체여야 한다).
- 구성원에게 재정적 이익이 허가되지 않는다.
- 해산 시 동조 협동조합의 남은 자산은 자격 있는 수혜자에게 이전된다(이것은 비영리 사회의 조례에 포함된 해산 조항과 본질적으로 동일하다.).

CRA는 협동조합이 자선 단체 등록의 자격을 갖게 되는 방법을 명시한 정책 강령을 만들었다. 이것 또한 www.enterprisingnonprofits.ca에 관련 정보를 게시해 놓았다. 각 지방은 협동조합 설립과 관련된 법을 가지고 있다. 이 형태가 사회적기업이 목표를 달성하는 데 어떤 도움을 줄 수 있을지, 정보와 후원을 얻기 위해 해당 지방의 협동조합연합(Co-operative Association)을 점검해 보기 바란다.

합작 투자와 파트너십

만약 자선 단체가 어떤 사업의 유한 책임 조합원이 된다면(자선 단체가 사업상 적극적 역할을 하지 않는다고 하더라도) 자선 단체는 사업을 수행하고 있는 것으로 간주하고 CRA가 이 기업을 어떻게 볼 것인지 고려할 필요가 있다. 캐나다에서는 흔하지 않지만 미국의 사회적기업에서는 파트너십이 증가하는 추세이다. 예를 들어 Ben and Jerry라는 아이스크림 프랜차이즈는 취약한 상황에 있는 청소년을 훈련시키고 고용하며, 조직을 위해 수익을 창출하는 건설적인 길을 걷고 있다고 비춰진다. 사회적기업의 합작 투자 기법은 캐나다에서는 상대적으로 새로운 형태이기 때문에 이 옵션을 추구하기 전에 법적 조언을 구하기 바란다.

관련 사업에 관련한 CRA의 의사 결정을 위한 결정 나무

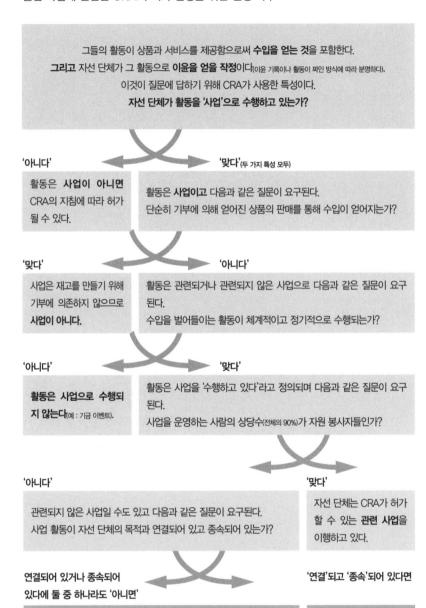

그들의 활동이 상품과 서비스를 제공함으로써 **수입을 얻는 것**을 포함한다.
그리고 자선 단체가 그 활동으로 **이윤을 얻을 작정**이다(이윤 기록이나 활동이 짜인 방식에 따라 분명하다).
이것이 질문에 답하기 위해 CRA가 사용한 특성이다.
자선 단체가 활동을 '사업'으로 수행하고 있는가?

'아니다'

활동은 **사업이 아니면** CRA의 지침에 따라 허가될 수 있다.

'맞다'(두 가지 특성 모두)

활동은 **사업**이고 다음과 같은 질문이 요구된다.
단순히 기부에 의해 얻어진 상품의 판매를 통해 수입이 얻어지는가?

'맞다'

사업은 재고를 만들기 위해 기부에 의존하지 않으므로 **사업이 아니다.**

'아니다'

활동은 관련되거나 관련되지 않은 사업으로 다음과 같은 질문이 요구된다.
수입을 벌어들이는 활동이 체계적이고 정기적으로 수행되는가?

'아니다'

활동은 사업으로 수행되지 않는다(예 : 기금 이벤트).

'맞다'

활동은 사업을 '수행하고 있다'라고 정의되며 다음과 같은 질문이 요구된다.
사업을 운영하는 사람의 상당수(전체의 90%)가 자원 봉사자들인가?

'아니다'

관련되지 않은 사업일 수도 있고 다음과 같은 질문이 요구된다.
사업 활동이 자선 단체의 목적과 연결되어 있고 종속되어 있는가?

'맞다'

자선 단체는 CRA가 허가할 수 있는 **관련 사업**을 이행하고 있다.

연결되어 있거나 종속되어 있다에 둘 중 하나라도 '아니면'

이 자선 사업은 기업의 자선 단체 자격에 위험을 줄 수 있는 **비관련** 사업을 수행하고 있다.

'연결'되고 '종속'되어 있다면

자선 단체는 CRA에서 허락하는 **관련 사업**을 이행하고 있다.

우리는 가이드 전반에 걸쳐 준비를 통한 보상을 강조했다. 이 가이드에 있는 단계를 차근차근 밟아 간다면, 비영리사업의 성공 확률이 더 높아질 수 있다고 확신한다. 다양한 실제 경우에 관한 많은 자료들을 실어 놓았다. 조직과 사회적기업이 실제로 어떤 종류의 도전 과제를 다루어 왔으며, 계획 단계에서 엄청난 노력을 함으로써 어떻게 준비해 나갔는지를 보여 줄 것이다. 반드시 직면하게 될 여러 계획에서 이용 가능한 대체 방법들을 제시하려고 노력했다. 그리고 사회적기업 발전에 관련된 팟캐스트 시리즈와 워크시트, 안내 책자, 사례 연구, 새로운 아이템을 검색할 수 있는 데이터베이스를 www.enterprisingnonprofits.ca에서 무료로 제공하고 있다.

이 가이드와 같은 자료는 결과물이 좋을 때에만 유용할 수 있으므로 이 가이드에 대한 피드백을 보내 우리를 도와주기 바란다. 다음 제3판을 위해 이 가이드를 끊임없이 수정할 수 있기를 희망하며, 그렇게 되면 기업 발전의 여러 단계와 관련된 다른 출판물 또한 발행할 수 있을 것이다. 당신의 피드백이 성장하고 있는 사회적기업 부문의 요구를 충족하는 데 도움이 될 것이다. info@enterprisingnonprofits.ca로 당신의 의견을 보내 주면 된다.

우리는 이 가이드를 작성하면서 독자들이 어떤 방법으로든 각자의 상황에 가장 적합한 방법을 사용할 것이라는 것을 알게 되었다. 사회적기업 계획 단계에서 가이드로 이것을 사용한다면 당신들은 성공할 수 있으며 주목할 만한 사업 계획을 낼 수 있을 것이고 사업에 착수할 준비를 할 수 있을 것이다. 이 가이드를 사회적기업 계획의 입문서로 읽는다면 당신은 사회적기업을 세우기 위해 어떤 단계를 밟아야 할지, 어떤 노력을 기울여야 할지 고려하게 될 것이다. 이러한 과정에서 많은 것을 배울 수 있기를 기대한다. 당신의 성공을 빈다!